Lebensretter gesucht!
Der gemeinsame Weg in ein neues Leben!

»Hilfe für Anja e. V.«
Gemeinsam gegen Leukämie

von Michael Sporrer

www.hilfe-fuer-anja.de

Lebensretter gesucht!

2. Auflage

Bibliografische Informationen der Deutschen Nationalbibliothek:
Die Deutsche Nationalbibliothek verzeichnet diese Publikation in der Deutschen Natio-
nalbibliographie; detaillierte bibliografische Daten sind im Internet über
http://dnb.dnb.de abrufbar.

© 2015 Michael Sporrer – Hilfe für Anja e. V.
Herstellung und Verlag
BoD – Books on Demand, Norderstedt

ISBN: 978-3-7347-3336-9

Vorwort

Auf den folgenden Seiten werden Sie in einer imposanten Art und Weise erleben, wie aus einer Gruppe von begeisterten Fußballfans ein gemeinnützig anerkannter Verein wird. Fußball wird weiterhin ein Bestandteil im Leben sein, nur die Reihenfolge wird sich entscheidend ändern.

Trotz des nicht immer einfachen Weges gelingt es »Hilfe für Anja e. V.«, sich über die Grenzen des Freistaats Bayern einen Namen zu machen und zahlreiche Menschen zu begeistern, um sich für die weltweite Datenbank registrieren zu lassen.

Wir versuchen die Geschichte der letzten 15 Jahre von »Hilfe für Anja« an unsere Leser zu vermitteln, mit all den vielen positiven Momenten sowie freudigen, aber auch traurigen und emotionalen Augenblicken. Es gab zwar immer wieder auch holprige Wege, aber Aufgeben kam niemals in Frage. Die Geschichte rund um den Verein »Hilfe für Anja« wird am Ende von Gastautoren untermauert, die Teile der Vereinsgeschichte sind und ihre Geschichte aus ihrer Perspektive erzählen. Zum einen werden wir von Anjas Mama hören, die uns die Sichtweise einer besorgten Mutter schildert. Zum anderen wird Christiane berichten, wie sie den ersten Kontakt zu ihrem Patienten gefunden hat.

Wir erfahren auch, was es mit einer mysteriösen Mail auf sich hat und was diese ausgelöst hat.

Und zum Schluss berichtet Melanie, wie es ist, wenn man mit 25 Jahren erfährt, dass man schwer krank ist, und wie froh sie war, dass es Leute und Organisationen wie »Hilfe für Anja« gibt.

Begonnen hat alles mit 800 DM …

800 DM – was nun?

Wir schreiben den 2. Advent 1999. In Kirchenthumbach trafen sich circa 60 Fußballfans des 1. FC Nürnberg zur alljährlichen Weihnachtsfeier. Trotz wiederholten Abstiegs aus der 1. Fußballbundesliga hielt die Gemeinschaft der Fußballfans. 60 junge Frauen, Männer und Kinder feierten in gemütlicher Atmosphäre die Adventszeit. Nach dem Besuch des Nikolauses und einem guten Essen kam es zur traditionellen Tombola. Der Einsatz war hoch, aber jedes Los gewann. 5 DM kostete ein Los, dies hatte schon Tradition. Am Ende des Abends waren 800 DM in der Spendenkasse. Alle Jahre wurde das Geld an eine andere Organisation gespendet. Über den Verwendungszweck in diesem Jahr waren wir uns noch nicht ganz schlüssig.

Über Weihnachten stöberte ich im Internet, um zu schauen, wo wir das Geld sinnvoll einsetzen könnten. Ich traf auf viele interessante und wichtige Projekte – die Entscheidung fiel schwer. Bei den Clubfans Wien sah ich einen Link auf eine Seite mit einem kleinen Mädchen namens Anja. Ich klickte auf den Link und las mir das durch. »Auch ein schreckliches Schicksal«, dachte ich mir und surfte weiter.

Es vergingen wieder ein paar Tage. Eines frühen Morgens entdeckte ich in der Tageszeitung einen Bericht über eine Anja, die dringend einen Knochenmarkspender sucht. Ich las die Geschichte und ging dann zur Arbeit. Den ganzen Tag kreiste diese Geschichte, das Schicksal des kleinen Mädchens, in meinem Kopf. Abends erinnerte ich mich wieder an den Link auf der Homepage der Clubfans Wien. Ich fuhr den Rechner hoch und siehe da, die Anja aus dem Internet und die Anja aus der Zeitung war 1 : 1 dieselbe Person. Man suchte Geld für Typisierungsaktionen …

Typisierungsaktionen ... da war doch schon mal was. Ja richtig, im Jahr 1996 waren wir mit unserem Nürnberger Fußballclub in München zum Hallenturnier eingeladen. In der Liga spielten wir ja nicht zusammen, denn wir dümpelten mal wieder in den Niederungen der 2. Liga herum. Ich erinnerte mich, dass damals der Bayernspieler Christian Nerlinger einen Aufruf zu einer Typisierungsaktion gemacht hatte, da die Tochter seines Freundes an Leukämie erkrankt war. Sportlich lief es auch nicht so toll, daher beschlossen wir, uns etwas Sinnvollem zu widmen. Wir suchten den Ort der Typisierung auf und ließen uns aufklären. Gesagt, getan, 10 Minuten später, eine Unterschrift, ein Piks und schon waren wir in der weltweiten Datenbank registriert ... das Thema war uns also nicht ganz fremd.

Wir besprachen uns in der Vorstandschaft, ob wir unsere 800 DM für diese Typisierung spenden sollten. Der Beschluss war einstimmig. Wir spenden!!!! Jetzt hätten wir das Geld einfach aufs Konto überweisen können, aber wir riefen erst einmal unter der angegebenen Telefonnummer an. Warum? Keine Ahnung. Am anderen Ende der Leitung meldete sich eine männliche Stimme und ich erzählte gleich mal von unserem Fanclub, von dem Geld und dass wir spenden wollen. Eigentlich wartete ich darauf, dass die Person sagt: »Vielen Dank, freut mich, überweisen Sie das Geld auf das Konto!«

Nein, er hörte mir zu und fragte nur, wie engagiert wir denn in der Fanszene sind. Gute Frage. Wie aktiv sind wir denn? Na ja, schon ein wenig. »Wir fahren dorthin, wo der Mannschaftsbus auch hinfährt; wir fahren los, wenn im Nürnberger Stadion das Licht eingeschaltet wird.« Stürmer Christian Möckel und seine Freundin, die FCN-Pressesprecherin Kerstin Dankowski, waren erst vor kurzem bei mir zu Hause gewesen und durch unsere Fanzine »RED ARMY NEWS« und die jährliche Fanolympiade hatten wir uns durchaus einen Namen in der Fanszene gemacht.

Deshalb schlug er uns vor, ob wir nicht eine Typisierungsaktion mit einigen Fanclubs machen wollten.

Es ratterte in unserem Gehirn, 800 DM sind viel Geld, aber für eine Typisierungsaktion dann doch wieder nicht. Man muss wissen, dass die Auswertung einer Blutprobe 100 DM kostet.

Wir vertagten das Ganze und schliefen erst mal ein paar Nächte darüber und entschieden, bis nach der Fanolympiade zu warten.

Es kam der Tag der Fanolympiade, alle namhaften Fanclubs aus der Fanszene waren anwesend, Goalgetter, Supporters Club, Vogel-Max Auerbach, Oberes Pegnitztal, Weissachtal, Crazy Girls … um hier nur einige zu nennen. So wie alle Jahre erzählten wir, wofür wir die jährliche Spende einsetzen werden. Es kamen Fragen aus der Menge und ich konnte schon viele Antworten ge-

ben, da ich in den letzten Tagen und Wochen schon viel gelesen und gehört hatte. Ich merkte, die hartgesottenen Fußballfans fingen an, sich für das Schicksal des kleinen Mädchens zu interessieren. Die Olympiade ging weiter; Maßkrugstemmen, Seilziehen etc. standen auf dem Plan. Am Schluss stand der Sieger fest und wurde geehrt und die Veranstaltung neigte sich dem Ende entgegen. Ganz zum Schluss ergriff der Fanbeauftragte des FCN nochmals das Mikrofon, drückte mir 700 DM in die Hand und meinte, dass dies gerade eine spontane

Sammlung ergeben hätte. Außerdem würde uns die Fanbetreuung des FCN bei jedem Vorhaben unterstützen. Ups, jetzt hatten wir schon 1.500 DM, 15 Typisierungen wären schon finanziert. Außerdem erhoben sich alle im Saal und stimmten den Stadionsong »Steht auf, wenn ihr für Anja seid« an. Eigentlich erhielten wir so indirekt den Auftrag der Fanszene, die Aktion zu starten.

Am nächsten Tag, als wir den Saal aufräumten, entschieden wir, dass wir hier mal weitermachen sollten. Wenigstens einfach mal schauen, wie sich das Ganze entwickeln würde. Ich rief wieder in München an und schnell war ich mir sicher, dass wir diese Typisierungsaktion wagen sollten. Die Frage war nur, wo, im Fanclub, im Ort oder gar vor dem ehrwürdigen Nürnberger Frankenstadion?

Wir hatten so viel Zuspruch bei der Olympiade erhalten, warum sollten wir nicht gleich das Stadion wagen! Wir vereinbarten einen Termin mit dem Fanbeauftragten des FCN, mit der Stammzelldatenbank und mit Bernd aus München, der zum damaligen Zeitpunkt Anja und ihre Familie ein wenig unterstützte. Mit großer Euphorie fuhren wir nach Nürnberg an den Valznerweiher, das Vereinsgelände des 1. FC Nürnberg.

Der Start in eine neue Epoche

Treffpunkt Valznerweiher – heute galt es, einen anderen Kampf zu gewinnen. Der Chef der Datenbank war extra aus NRW angereist sowie Bernd aus München. Außerdem unser Fanbeauftragter, Gerald vom Supportersclub, sowie wir vom örtlichen Fanclub aus Kirchenthumbach. Anfangs war es ein sehr harmonisches Gespräch, es wurde diskutiert, wie die Aktion aussehen könnte, wo sie stattfinden könnte und bei welchem Spiel.

Schnell war klar, dass wir das Spiel gegen den Nachbarn aus Fürth wählen, da dies in der 2. Liga die meiste Anziehungskraft hat und das Stadion gut besucht sein wird. Die Eckdaten waren schnell geklärt und der Ort der Typisierung auf dem Max-Morlock-Platz war ebenfalls von allen als gut befunden worden. »Tja«, dachte ich mir, »läuft ja alles prächtig.« Bis der Herr von der Datenbank plötzlich begann, über Geld zu reden, und uns mitteilte, dass der Termin für die Aktion noch nicht bestätigt werden kann, solange kein Geld auf einem eigens dafür eingerichteten Spendenkonto ist. »Wie? Geld? Also, wir haben doch schon 1.500 DM.« Der Herr von der Datenbank belächelte mich und begann, eine Rechnung aufzustellen.

»Gehen wir mal von 1.000 Leuten aus. Die Auswertung einer Blutprobe kostet 100 DM, dann wären wir bei 100.000 DM.« »Na toll, wo soll ich 100.000 DM hernehmen? Blöde Rechnung«, dachte ich mir. Bernd aus München fragte nach, wie viel denn die Datenbank beisteuern würde. »15.000–20.000 DM«, war die Antwort. Aber genau so viel sollte vorhanden sein, sonst wird abgebrochen. »Oh nee, das kann jetzt aber nicht euer Ernst sein, Freunde.« Die Fronten waren verhärtet. Ich drehte die Rechnung um, wer sagt, dass wir 1.000 Leute typisieren würden? Die Leute gehen zum Fußball, deren Interesse liegt erst mal ganz woanders. Es ist nicht zu vergleichen mit einer Aktion, bei der nur diese im Mittelpunkt steht. Mir gelang es, indem ich das Ganze herunterspielte, dass man zwar ohne Ergebnis auseinanderging, die Aktion aber vorerst nicht absagte, sondern nochmals ein paar Nächte darüber schlafen wollte.

Ein neuer Tag, aber dieselben Sorgen und Probleme, das liebe Geld. Bernd riet mir, es mit einer anderen Datenbank zu versuchen. Dann rief der Mann von der Datenbank wieder an und fragte, wie es denn jetzt aussehe, er denke auch, dass nicht so viele Menschen zur Typisierung kommen würden und dass es jetzt an der Zeit sei, die ganze Sache unter Dach und Fach zu bringen. Außerdem meinte er, dass ich mit Bernd darüber nicht mehr sprechen sollte. Daher weht also der Wind. Ich erkannte immer mehr, wo das Problem lag: Der eine konnte mit dem anderen nicht. Das ist wie im richtigen Leben, Kriege entstehen, weil die Leute immer mehr Macht fordern oder nicht mehr miteinander sprechen. Schade eigentlich. Hatten denn alle vergessen, dass ein kleines Mädchen einen Knochenmarkspender brauchte und man daher auf Empfindlichkeiten verzichten sollte? Die Hintergründe dieses Streites verstand ich anfangs nicht ganz, aber da musste es wohl um Geld gehen. Fairerweise muss ich auch sagen, dass ich auch nicht wusste, was im Vorfeld vorgefallen war. Ganz ehrlich, ich wollte es auch nicht wissen. Plötzlich verlangte Bernd eine finanzielle Absicherung von 3.000 Spendern durch die Datenbank, »Oh nee, Leute, nun ist es aber gut.« Da willst du was Gutes tun und irgendwie scheint die ganze Welt um dich verrückt zu spielen. Bernd und die Datenbank lagen jetzt komplett im Clinch.

Bernd erklärte mir per E-Mail, dass er mich zwar weiterhin unterstützen möchte, aber mit der Datenbank nichts zu tun haben will. Was mich auf die Idee brachte, meinen eigenen Weg zu gehen. Ich rief bei der Datenbank an und sagte, dass sie mir bitte eine andere Person zuteilen sollten, ansonsten würde ich es mit einer anderen Datei machen. Aus, Schluss, Ende der Ansage. Dann war erst einmal Funkstille!

Zwei Tage später meldete sich eine junge Dame und erklärte mir, dass sie jetzt unsere Aktion betreue. Gut, ich wusste, dass der andere im Hintergrund die Fäden zog, aber ich stand nicht mehr zwischen den Fronten in diesem Kleinkrieg. Sachlich analysierten wir die Eckpunkte und ich versprach, so viel Geld wie möglich zu sammeln, auch über die Aktion hinaus. Der FCN sicherte uns noch ein Benefizspiel zu und so gab sich die Datenbank zufrieden, aber immer noch mit dem Zusatz: Sollte die Kluft zwischen

Spendern und Spendengeldern zu groß werden, würde die Aktion abgebrochen. Ich stimmte widerwillig ein und hoffte, dass mich die Clubfans nicht im Stich lassen würden.

So begannen wir endlich, die Aktion zu planen. Wir kümmerten uns um Zelte, Bestuhlung, Helfer und natürlich um Geld. Die Datenbank ließ ihre Kontakte in der Nürnberger Nordklinik spielen und beschaffte uns acht Blutabnehmer.

Die Zeit verging wie im Flug, es waren nur noch zwei Wochen bis zur Aktion. Zu Anja und ihren Eltern hatten wir immer noch keinen Kontakt. Trotz des ganzen Ärgers waren wir immer noch fest entschlossen, die Aktion durchzuführen. Es lag wohl auch daran, dass unser Umfeld immer mehr Hilfe anbot. Die Fanclubs aus Auerbach, Neuhaus, der Supportersclub, sie alle waren da, um mitzuhelfen. Zwei Wochen vor der Typisierung machten wir eine große Werbeaktion im Stadion. Wir verteilten beim Spiel gegen den 1. FC Köln 20.000 Flyer und sammelten auch schon mal Geld. Wir blickten in viele ungläubige Gesichter; die wenigsten konnten mit einer Typisierung etwas anfangen, aber so manch einer machte seinen Geldbeutel auf, gab uns ein paar Mark und nahm den Zettel mit.

Ein alter Mann kam auf meine Frau Christine zu, drückte ihr 3 DM in die Hand und sagte, dass er nun noch 2 Mark hätte, und die brauche er für die S-Bahn, damit er heimfahren kann. Das Bier, das er sich noch kaufen wollte, könnte er auch trinken, wenn er wieder Geld bekäme. Manche Begebenheiten vergisst man auch nach all den Jahren nicht und erinnert sich auch wieder gerne daran. All der Ärger ist vergessen. 25 Leute waren an diesem Spieltag im Einsatz, ein Zusammenhalt, so wie wir es uns immer gewünscht hatten. 1.300 DM haben wir gesammelt und 20.000 Flyer haben wir an den Mann / die Frau gebracht. Wir waren gerüstet, nun konnte endlich der große Tag kommen.

Unser Motto des Tages: »Steht auf, wenn Ihr für ANJA seid!«

523-mal »Vielen Dank und ein schönes Spiel«

Sonntag, 7. Mai 2000, der Tag des Frankenderbys. Aber wen interessierte an diesem Tag Fußball! Ok, 37.000 Zuschauer im Stadion wohl schon, aber für uns gab es Wichtigeres an diesem Tag. Wir hatten unsere erste Typisierungsaktion. Früh gegen 7 Uhr ging es los Richtung Nürnberg. Im Gepäck hatten wir zwei Zelte in einer Größe von 9 x 6 m plus Tische und Stühle. Wir mussten alles von uns zu Hause mitnehmen, da es in Nürnberg wohl keine Tische und Stühle gab. Kleiner Scherz! Große Unterstützung erhielten wir von Kaiser Bräu in Neuhaus.

Gut 20 Mann waren unterwegs, um dann fix beide Zelte aufzustellen. Alle Leute, die ihre Unterstützung zugesagt hatten, waren anwesend, das gibt es auch nicht immer. Nach zwei Stunden standen die Zelte und waren eingeräumt. Zelt 1 war für die Datenerfassung gedacht, Zelt 2 für die Blutentnahme. Gegen 11 Uhr kamen die zwei Damen der Datenbank mit dem ganzen Material. Nette Damen, die Chemie passte und nach zwei Minuten waren wir schon beim »Du« und kurz darauf kamen auch die Blutabnehmer von der Nordklinik. Es schien alles »wie am Schnürchen« zu laufen.

Und wenn man sich so über etwas freut, dann kommt meistens ein Problem aus heiterem Himmel, 30 Minuten vor der Aktion. Die Polizei, dein Freund und Helfer, stand da und fragte, was wir hier machten. Na ja, das zu erklären war nicht wirklich schwer, aber die schriftliche Genehmigung dafür vorzuzeigen war dann schon eher ein Problem, da es diese nicht gab. An alles hatten wir gedacht, sogar an das Bier für den Oberarzt, der vor der ersten Blutentnahme ein Schlückchen wollte, aber eine Genehmigung einzuholen – kein Gedanke. Ich konnte ihn überzeugen, dass das schon in Ordnung war, was wir hier machten, und das Ganze mit dem Verein abgesprochen war. Er erklärte mir, dass wir hier auf städtischem Boden seien und der Verein gar nichts zu sagen habe, aber er nochmals ein Auge zudrücken würde.

Nächste Hürde gemeistert. Nun tauchte eine ältere Frau von der Krebsselbsthilfegruppe Nürnberg auf, die das Ganze mit unterstützen wollte. Anfangs waren wir ja sehr glücklich darüber, aber je länger der Tag ging, umso mehr Probleme bereitete die Frau. Aber dazu später mehr.

Kurz vor 12 Uhr fingen wir mit der Typisierung an. Da ja von uns nur wenige typisiert waren, waren als Erstes alle Helfer dran und dann kamen auch schon die ersten Fußballfans, sowohl aus Nürnberg als auch aus Fürth. Plötzlich kam der Helmut, grünes T-Shirt, grüner Schal und ein paar blaue Scheine in der Hand. Da der Helmut schon typisiert war und auch schon mal Knochenmark gespendet hatte, dachte er, dass er was Gutes tun könnte. Es war zwar eine Aktion der FCN-Fans, zu denen er als Fürther in einer großen Rivalität stand, aber getreu dem Motto »In den Farben getrennt – in der Sache vereint« drückte er mir 1.000 DM in die Hand. Was mich sehr überraschte, aber auch sehr freudig stimmte.

Unsere Helfer hatten gut zu tun und es entstanden immer wieder Schlangen, aber keinem war die Wartezeit zu lang. Jeder stellte sich in die Reihe, einige hatten auch ein paar Scheine übrig. Nur die Dame von der Krebshilfe, die hatte ein paar Probleme. Einige der Fans hatten ein paar Bierchen intus, damit konnte sie gar nicht umgehen. Und dass trotz des ernsten Themas unter den Helfern Spaß herrschte, konnte sie gar nicht verstehen. Wir versuchten immer wieder, mit ihr im Guten zu reden, aber es war nicht so einfach. Als sie sich dann zum Zelteingang stellte und die Leute aussuchte, die ins Zelt durften, war Handeln angesagt. Die Damen von der Datenbank haben ihr dann erklärt, dass sie jetzt gehen darf. Tage später erfuhren wir, dass sie sich über uns bei der Chefetage der Datenbank beschwert hat. Gut – es ist eigentlich gar keine Erwähnung wert. Der Rest hatte Spaß an diesem erfolgreichen Tag.

Punkt 15.30 Uhr ging das Spiel los und wir konnten erstmals durchschnaufen. Zu diesem Zeitpunkt hatten wir knapp 480 Leute typisiert. Von Geld und den ganzen Aufregungen redete keiner mehr. Jetzt waren die richtigen Leute zusammen; Leute, die nicht redeten, sondern einfach nur handelten. So gefällt es mir. 90 Minuten waren schnell vorbei, 2 : 2 endete das Spiel und wir bereiteten uns auf den nächsten Ansturm vor. Dieser blieb allerdings aus. 43 Fans ließen sich nach dem Schlusspfiff noch typisieren. Am Ende waren es 523 Leute, die sich für die weltweite Datenbank registrieren ließen. Wir waren alle richtig stolz auf das, was wir erreicht hatten. Erst jetzt kümmerten wir uns um Geld und machten einen Kassensturz. Gut, da sah es jetzt noch nicht so toll aus. 8.000 DM waren da, 52.300 DM brauchten wir. Da fehlte wohl einiges; aber gut, heute standen erst mal die 523 Spender im Vordergrund.

Innerhalb einer Stunde war alles wieder abgebaut, verstaut und wurde abtransportiert. Die Blutproben waren unterwegs nach Stuttgart zum Flughafen und wurden dann in ein Labor nach Amerika zur Auswertung geschickt.

Der Tag war Geschichte, nun mussten wir Geld auftreiben. Eine Woche nach der Typisierung spielte der 1. FC Nürnberg im Degerloch Stadion gegen die Stuttgarter Kickers, und da die Nürnberger sowieso immer sehr reisefreudig sind, wurde die Mannschaft von ca. 4.000 Fans begleitet. Unser Fanbeauftragter hat die Bitte an alle Busfahrer ausgegeben, doch eine Sammlung für die Aktion durchzuführen. Überraschenderweise erhielten wir am Ende eine Spendensumme von weiteren 12.000 DM. Es gab noch eine Sponsorenveranstaltung und eben das besagte Benefizspiel gegen den ESV Ansbach-Eyb.

Nun versuchten wir auch, die Thematik »Knochenmarkspende« in unserer Region zu verbreiten. Auch das gelang. Wir sammelten hier Geld und sammelten dort Geld und auf einmal hatten wir keine 52.300 DM, sondern weit über 60.000 DM. Die Datenbank sagte natürlich »Danke« und wollte sich den Überschuss unter den Nagel reißen. Aber nicht mit uns. Das Geld wurde geparkt und wir grübelten, was wir damit anstellen könnten.

Reger Betrieb herrschte auf dem Max-Morlock-Platz.

Wir erobern unsere Heimat

Zu viel Geld, dieses Luxusproblem kannten wir in den nächsten Jahren nicht wieder. Aber im Juli 2000 hatten wir wirklich dieses »Problem«. Und wir waren immer noch unterwegs zum Geldsammeln und zwar in Auerbach beim dortigen FCN-Fanclub Vogl-Max. Da ja auch ein Teil der Auerbacher Fanclubmitglieder bei der Aktion in Nürnberg mitgewirkt hatte, wussten sie natürlich, was es bedeutet, eine Typisierung durchzuführen. Im Rahmen einer Fanclubfeier wurde für die Aktion »Clubfans helfen Anja« eine größere Spende übergeben und der Vorstand des Fanclubs merkte an, dass man das Geld auch gerne bei einer Typisierungsaktion in der Region einsetzen könnte. »Mit eurer Hilfe kein Problem«, entgegnete ich ihm.

Wir saßen noch etwas zusammen und da wurde die Idee einer Typisierungsaktion geboren. Auerbach erklärte sich bereit, mit uns eine Aktion durchzuführen. Da alle entscheidenden Personen bei der Feier anwesend waren, bedurfte es auch keiner Bedenkzeit mehr. Die Sache war fix. So liebte ich das; eine Idee, eine Diskussion und dann eine Entscheidung und schon läuft alles. Für diese Aktion muss man Ilse und Peter Grillenbeck, Detlev Walkowski, Gisela Kormann und Günther Himmelhuber besonders hervorheben.

Auerbachs Bürgermeister Helmut Ott übernahm die Schirmherrschaft. Er sicherte uns sämtliche Unterstützung zu, die wir von der Stadt Auerbach benötigten. Damit wir nicht nur die Auerbacher Bürger ansprechen, sondern auch die komplette Region, baten wir auch den Kirchenthumbacher Bürgermeister Johann Kleber, als zweiter Schirmherr zu agieren.

Als Ort der Typisierung wählten wir die Hauptschule Auerbach. Blutabnehmer kamen aus den Arztpraxen und dem Krankenhaus und die weiteren Helfer waren wieder die FCN-Fanclubs und erstmals auch der Schwimmverein bzw. der örtliche Frauenbund. Die Pressearbeit gestaltete sich doch schwerer als erwartet, da die Leute immer dachten, dass Knochenmark aus dem Rückenmark entnommen wird. Ein Irrtum, der teilweise heute noch anhält. Viele Leute sagten auch, dass dieser Aufwand für einen einzigen Menschen doch gar nicht gerechtfertigt ist. Dass allerdings jeder, der sich typisieren lässt, in einer weltweiten Datenbank gespeichert wird, diese Kleinigkeit wurde sehr oft überlesen.

Es war sehr schwierig für uns, auf jede aufkeimende Irritation zu reagieren. Aber wir versuchten, mit viel Pressearbeit Aufklärung zu betreiben. Teilweise gelang es sehr gut.

Wir kämpften jeden Tag mit neuen Problemen. Ein örtlicher Verein machte ein großes Dart-Turnier und spendete den Überschuss von 3.500 DM an eine andere Datenbank. Als wir sie darauf ansprachen, meinten sie nur, dass doch alles gleich sei. Na ja, eben nicht ganz.

Es gibt in Deutschland ca. 29 unterschiedliche Datenbanken. Jede arbeitet selbstständig, aber jede muss in das Zentrale Register nach Ulm ihre Spender melden (kurz ZKRD). Für jede Person, die sich typisieren lässt, müssen wir 100 DM an die Datenbank bezahlen. Und darum ist es sehr schade, wenn Kosten von 35 Typisierungen woanders hingehen. Die Jungs waren uneinsichtig.

Abends, wenn man zur Ruhe kommt, fragt man sich schon mal, warum man sich so einen Stress antut. Berechtigte Frage, aber mittlerweile haben wir Anja und ihre Familie kennengelernt. Und wer einmal dieses kleine Wesen gesehen hat, wie sie mit ihren vier Jahren mehr Lebensmut hat als so manch ein Erwachsener, der kann nicht einfach so vor ein paar Problemen davonlaufen. Dies kann Anja auch nicht tun, also sollten wir es ihr nachmachen.

Unser erstes Heimspiel

Dienstag, 3. Oktober 2000 – der Tag der Typisierung. Aufgebaut wurde ja schon einen Tag vorher, damit es am Typi-Tag nicht mehr so stressig wurde. Arbeit sollte es an diesem Tag noch genug geben. Helfer, Blutabnehmer und Leute von der Datenbank, alle waren pünktlich da. Geplant war eine Einweisung des Personals um 9.30 Uhr, die Türen sollten um 10 Uhr aufgehen. Kurz nach 9.30 Uhr standen die ersten Spender bereits vor der Tür und um 9.45 Uhr, da bereits 60 Leute vor der Tür standen, starteten wir mit der Typisierung. Die Leute strömten in die Hauptschule, so etwas waren wir noch nicht gewohnt. Schnell war klar, dass wir mit den Spenderplätzen nicht auskommen würden. Auerbach und Umgebung rannte uns die Bude ein.

500 Leute kommen, wenn es gut läuft; 800, wenn alles perfekt ist an diesem Tag, so war der Plan. Gegen 10.30 Uhr hatten wir unsere erste große Herausforderung und gegen 13.00 Uhr unsere zweite. Da standen die Spender bis zur Eingangstüre. Aber keiner jammerte und keiner motzte. Die Spender stellten sich ohne Murren in die Schlange und die Helfer machten einfach nur ihren Job oder besser, mehr als ihren Job. Hier ein kleines Problem, dort ein kleines Problem, aber für alles hatten wir eine Lösung und alle packten mit an. Auch Leute, die nur zur Typisierung kommen wollten.

Die jungen Damen klopften mir auf die Schulter und meinten nur: »Du brauchst noch Hilfe, wo sollen wir uns hinsetzen?« Und im Nu hatten wir wieder ein paar Plätze für die Datenerfassung geschaffen. Blutabnehmer von der ersten Schicht sind nicht gegangen, neue Abnahmeplätze wurden aufgebaut. Alle rückten zusammen und halfen mit.

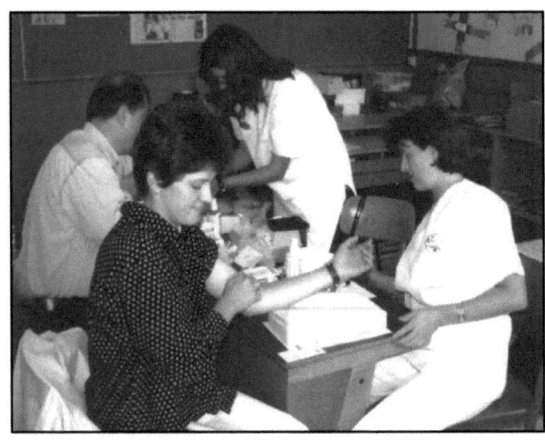

Am Ende des Tages wurden 1.314 Spender typisiert und 31.000 DM waren in der Spendenbox. Es war ein überwältigender »Tag der Deutschen Einheit«. Unsere erste »große« Aktion im heimischen Gefilde wurde mit Bravour gemeistert und wir waren in aller Munde.

Wir setzten ein weiteres Ausrufezeichen!

Auf den Lorbeeren kann man sich leider nicht lange ausruhen. Die Freude von 1.314 Spendern weicht schnell der Gewissheit, dass wir natürlich sehr viel Geld brauchen. 1.314 Spender bedeutet leider auch 131.400 DM.

In den nächsten Wochen gab es viel zu tun: Zum einen Geld sammeln, zum anderen kam ein noch größeres Problem auf uns zu. Die Aktion hieß »Clubfans helfen Anja«, immer mehr wurden aber Stimmen lauter, dass man mit Clubfans nichts zu tun haben möchte, oder »man unterstütze nichts vom FCN«. Mit dieser Thematik hatten wir uns bisher noch nicht auseinandergesetzt. Wir sahen ein kleines Mädchen und viele Freunde von uns, die helfen wollten, das war's.

Mit den neuen Anfeindungen mussten wir erst mal klarkommen. Du willst helfen, bewegst etwas und es gibt immer wieder Leute, die das Haar in der Suppe suchen.

Wir sind auch keine Freunde vom FC Bayern München, aber wir haben uns auch nicht gescheut, uns beim FC Bayern München 1996 typisieren zu lassen. Hier geht es um Menschenleben, aber leider können einige damit nicht umgehen. Diese Leute denken erst um, wenn sie selbst betroffen sind.

Wir suchten Lösungen und wir fanden eine Lösung! Wir gründen einen Verein! Ich streute die Idee im Bekanntenkreis, aber nicht jeder war glücklich und zufrieden damit. Es ging sogar so weit, dass einige den Kontakt abbrachen, weil sie dachten, dass sie hier mitmachen mussten. NEIN, jeder kann es für sich entscheiden. Verein ist Verein und privat ist privat. Man muss nur damit umgehen können. Nicht jeder konnte das, leider. Ich fand trotzdem einige Fürsprecher und so waren wir zwölf Leute, die an der Gründungsversammlung am 11. 11. 2000 teilnahmen.

Wir arbeiteten eine Satzung aus und versuchten anschließend, Wahlen durchzuführen. Als Schriftführer holten wir uns mit Gerald Redel einen erfahrenen Steuerfachexperten ins Boot. Mein guter Bekannter Wolfgang Nickl, seines Zeichens Banker bei der Raiffeisenbank Schlammersdorf, erklärte sich bereit, das Amt des Kassiers zu übernehmen. Mein guter Freund Uwe Dietrich übernahm das Amt des 2. Vorstands. Tja, und das Amt des 1. Vorstands ging an mich. Robert Leisner, Detlef Walkowski und Peter Grillenbeck fungierten als Beisitzer.

So traten wir erstmals an die Öffentlichkeit, aus der Aktion »Clubfans helfen Anja« wurde der Verein »Hilfe für Anja e. V.«, eingetragen beim Amtsgericht Weiden und gemeinnützig anerkannt. Als Gründungszeitpunkt wird der 11. 11. 2000 – 16 Uhr protokolliert.

Mit einem Gläschen stießen wir an und dann ging es schon an die nächste Arbeit. Nach der Aktion in Auerbach waren nämlich viele Menschen auf mich zugekommen und meinten, dass sie die Aktion verpasst hatten, weil sie Termine gehabt hatten. Ich sprach mit der Datenbank, die eigentlich wegen des großen Schuldenstandes keine neue Aktion wollte. Wir diskutierten sehr lange und am Ende bekam ich eine kleine Aktion für 50 Leute genehmigt.

Beim Sonntagsgottesdienst hatte Pfarrer Konrad Beierl die Bevölkerung nochmals aufgerufen, sich typisieren zu lassen, und das Telefon stand nicht mehr still. Die ersten 50 Leute wurden aufgeschrieben und zur Typisierung eingeladen. Location war bei uns zu Hause. In der Diele war die Information, im Wohnzimmer machten wir die Datenerfassung, im Esszimmer die Blutentnahme und in der Küche die Endkontrolle. Und die beiden jungen Damen, denen schlecht wurde, die haben wir kurzerhand ins Ehebett gesteckt, damit sie die Beine hochlegen können. Auch daran erinnert man sich immer wieder gerne zurück. Ärztliche Unterstützung erhielten wir von einem guten Freund, Dr. Michael Sterner, der mittlerweile in Hallstadt praktiziert.

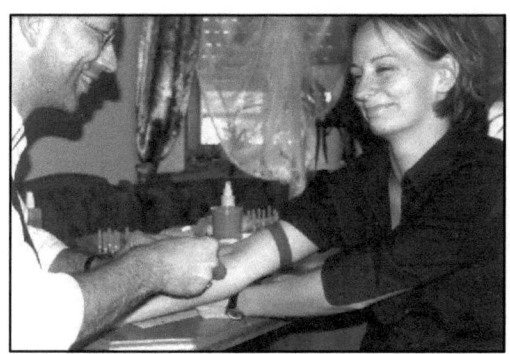

Die Zahl der Anfragen lag bei weit mehr als 50 Leuten. Da war für uns schon klar, dass hier in der Region noch mehr Bedarf war, aber jetzt galt es erst mal, die Schulden von Auerbach und Kirchenthumbach zu tilgen. Wir hofften auf die Weihnachtszeit. Die Region ließ uns nicht im Stich. Fast täglich waren wir auf einer Spendenübergabe eingeladen bei den Feuerwehren, Landjugenden, Frauenbund-Gruppen oder Privatleuten in der Region - es war nicht langweilig. Das Ganze passierte ja nebenbei zu einem Leben mit Job und Familie. Es war nicht immer ganz einfach, aber es machte Spaß.

Mittlerweile hatten wir schon eine gute Freundschaft zu Anja und ihrer Familie aufgebaut. Wir telefonierten fast wöchentlich, tauschten uns über weitere Aktionen aus oder informierten uns über ihren Gesundheitszustand, der leider zu diesem Zeitpunkt sehr kritisch war, was für uns nur noch mehr Motivation war weiterzumachen.

Wir versuchten nun in der Folgezeit, der Bevölkerung das Thema Stammzellspende zu erläutern und den Namen »Hilfe für Anja e.V.« zu implementieren. Wir konnten nun auch den Teil der Bevölkerung beruhigen, der mit dem 1. FC Nürnberg nichts anfangen konnte.

Warum wir diesen »Riesen-Aufwand für ein einziges Kind« machen, wollten viele Menschen nicht verstehen. Es sei zwar schlimm, was mit Anja passiere, aber das rechtfertige doch diesen Aufwand nicht.

Also versuchten wir, auf vielen Veranstaltungen zu erklären, dass jeder, der sich typisieren lässt, ja auch in einer weltweiten Datenbank gespeichert wird und dies ja nicht nur Anja zugutekomme, sondern jedem Menschen, der Knochenmark oder Stammzellen braucht. Das ging aber lange nicht in die Köpfe der Leute rein, aber auch hier sollten wir in der nahen Zukunft mehr Aufklärung machen können. Jeder, der so denkt, sollte sich überlegen, ob er auch noch so reden würde, wenn er oder jemand aus seiner Familie betroffen wäre.

Aber auch hier kam uns der Zufall zu Hilfe.

Meine Sportbegeisterung war mal wieder ausschlaggebend. Neben dem Fußball hatte ich auch noch ein Faible für Eishockey. Hier besuchten meine Kumpels und ich in unregelmäßigen Abständen die Heimspiele des EV Pegnitz. Außerdem machte ich auch zu jedem Heimspiel die Stadionzeitung für den Verein. Eines Tages kam die Vorstandschaft des EVP auf mich zu und meinte, dass man doch eine Typisierungsaktion in Pegnitz machen könnte. Ich nahm die Idee auf und sprach mit der Datenbank. Die war anfangs gar nicht begeistert, da wir erstens noch viele Schulden hatten und zweitens ja erst vor kurzem eine Aktion in Auerbach gewesen war. Und wieder bekamen wir Unterstützung aus der Region. Die Handballjungs aus Pegnitz und Auerbach machten ein Benefizspiel, und der EV Pegnitz trat kurz vor der Jahreswende gegen den Erzrivalen aus Bayreuth an. »Hilfe für Anja« war in aller Munde. 1.000 Zuschauer kamen, so viele wie schon lange nicht mehr, und viele kamen einfach nur, weil sie Anja helfen wollten, wie zum Beispiel auch Sabine und Lenz Beiküfner aus Röthenbach bei Lauf. Kein Interesse an Eishockey, aber sie kamen, um Anja zu helfen. Und dieser Kontakt sollte im Laufe der nächsten Jahre noch genutzt werden.

Im Interesse von Anja und all den vielen weiteren Menschen, die einen Spender suchten, konnte ich die Datenbank überzeugen, dass wir diese 300 bis 500 Leute, die hier kämen, noch mit unterbringen würden.

Wir vereinbarten den 4. Februar 2001. Schirmherr wurde Bürgermeister Thümmler aus Pegnitz, der uns auch gleich die Hauptschule zur Verfügung stellte. Wir gingen ans Werk und planten die Aktion. Nachdem mir die Dame von der Datenbank immer eingeredet hatte, dass eine Aktion im Umkreis von Auerbach eigentlich gar nichts bringen würde, haben wir unseren Helferkreis, sprich Blutabnehmer und Schreiber für die Datenerfassung, etwas reduziert.

Ein paar Wochen vor der Aktion kam eine junge Frau aus Eschenbach auf mich zu, die an Blutarmut litt und ebenfalls einen Spender benötigte. Wir machten uns gleich an die Arbeit, um auch diesem Schicksal gerecht zu werden und unsere Hilfe anzubieten. Da ja die Aktion in Pegnitz vor der Tür stand, nahmen wir jetzt auch die Oberpfälzer Presse mit ins Boot, um auch auf Uschi aufmerksam zu machen. Fünf Tage vor der Aktion meldete sich auch eine ältere Frau, dass ihr erwachsener Sohn einen Spender benötigt. Auch wenn Windischeschenbach etwas weiter weg war, informierten wir die Presse in dieser Region und konnten so erreichen, dass circa 80 Leute diesem Aufruf gefolgt sind.

Der Tag der Aktion kam näher, das Spendenkonto für die Aktion in Pegnitz zeigte 4.000 DM. Also schien das Interesse ja wirklich nicht so toll zu sein. Aber gut, das Geld von den beiden Benefizspielen fehlte noch.

Einen Tag vor der Aktion schneite es fast 30 cm. Mir schwante nichts Gutes. Wer geht bei so einem Sauwetter vor die Tür? Ok, ein Zurück gab es nun nicht mehr. Wir kämpften uns durch die Schneemassen und bauten einen Tag vor der Aktion auf. Hausmeister, Helfer – alle zogen wieder an einem Strang. Es ist schon sehr überraschend. Was man sonst ja nicht immer so erlebte, aber bei all unseren Aktionen waren immer die Leute da, die auch zugesagt hatten, teilweise sogar noch mehr. So und nun hofften wir auf den Wettergott, dass er ein Einsehen hat und die weiße Pracht beendet.

Und er hatte ein Einsehen. Gegen 21 Uhr setzte Regen ein, die ganze Nacht durch, sodass von den 30 cm Neuschnee nicht mehr viel übrig blieb. Der Sonntag begann mit leichtem Nieselregen und freien Straßen. Den restlichen Matsch an der Hauptschule in Pegnitz räumten die Stadtarbeiter noch weg.

Die Aktion konnte beginnen. Auch hier, wie schon in Auerbach, standen die Leute um 9.45 Uhr schon vor der Tür und warteten. Los ging es, wir kamen aus dem Staunen nicht mehr raus: Wo kommen nur all diese Leute her? Die Schlange riss nicht ab. Wir kannten es ja schon von Auerbach, aber das, was wir hier erlebten, war noch mal eine Etage heftiger. Gegen 12 Uhr war der Kuchen ausverkauft, die Eishockeycracks räumten sämtliche Bäckereien leer. Am Schluss verkauften sie Wurst-, Käse- und Butterbrote. Es war schier der Hammer, was hier abging. Wir versuchten, die Besucherströme zu ordnen und lange Wartezeiten zu verhindern. Letzteres gelang aber nur bedingt. Wir hatten mit diesen

Massen nicht gerechnet. Wie auch? Wir hörten ja immer von der Datenbank, dass es sich sowieso nicht rentiert.

Pustekuchen, die Menschen strömten herbei. Ich glaube, dass einige auch wieder heimgegangen sind, leider, aber viele haben es mit Geduld ertragen, weil ja auch immer sehr viel Spaß bei unseren Aktionen herrscht.

Der Herr der Datenbank kam plötzlich, gegen 13 Uhr, und stellte fest, dass wir schon 700 Spender hatten. Ich meinte nur, dass er sich doch freuen solle. Doch er erwiderte, dass wir in den Bereich kommen, wo wir die Aktion abbrechen müssen, weil das nötige Geld fehlt. Jetzt musste ich ein ernsthaftes Wort mit dem jungen Mann sprechen, denn ein Abbrechen der Aktion kam für mich nicht in Frage. Schwere Diskussionen, am Ende rief ich meine gute Bekannte von der Datenbank an und erklärte ihr die Lage. Sie holte sich ihren Kollegen ans Ohr und dann war die Sache auch erledigt. Die Aktion konnte weitergehen, weiter zum nächsten Problem.

Ein Polizist stand vor mir, er fragte mich etwas vorwurfsvoll, ob ich wisse, welches Verkehrschaos wir seit Stunden anrichten. Ich schaute ihn ungläubig an. Ich konnte es mir vorstellen, ich sah ja schließlich die Massen in der Schule.

Ich klopfte ihm auf die Schulter und sagte: »Entschuldigen Sie, Herr Wachtmeister, ich weiß nicht, was für ein Chaos vor der Türe ist, denn da war ich seit heute Morgen, 9 Uhr nicht mehr. Ich weiß nur, was hier los ist, und wir versuchen seit 9.45 Uhr, das Chaos einigermaßen in Grenzen zu halten. Machen wir beide einen Deal, da wir ja alle nur das gleiche Interesse verfolgen sollten, nämlich Anja und den vielen Menschen zu helfen. Sie kümmern sich um das Chaos vor der Tür und ich kümmere mich um die Massen hier in der Hauptschule.« Er reichte mir die Hand, schlug auf diesen Deal ein und sagte nur: »Polizei und THW sind schon seit zwei Stunden im Einsatz.«

Die Leute strömten weiter, wir hatten die 1000er Marke schon lange überschritten. Die Helfer der Frühschicht blieben in der Spätschicht. Die Mama von meinem Arbeitskollegen Lars rief ihre Kolleginnen im Krankenhaus an, dass sie nach der Frühschicht noch mit in die Hauptschule zum Blutabnehmen kommen sollten. Auch wenn es hektisch war, fiel kein böses Wort, die Helfer arbeiteten Hand in Hand zusammen. Es war Stress pur, aber es war ein angenehmer Stress.

Gegen 15 Uhr kam die Info, dass die Blutröhrchen knapp werden. Nun war der Augenblick gekommen, wo ich dachte: »Das kann doch nicht wahr sein, was muss noch alles passieren!« Das BRK Pegnitz war sofort in Kontakt mit der Leitstelle in Bayreuth und die sicherten uns zu: Sollte der »worst case« eintreten, würden wir Unterstützung erhalten. Wieder ein Problem behoben.

Und dann kam Anja mit ihrem Papa und Bruder, ausgestattet mit Mundschutz, damit sie sich vor Keimen schützen kann. Ich war sehr ergriffen von dem Besuch, denn in den Wochen vorher war es Anja so schlecht gegangen, dass nicht mal mehr die Ärzte dran glaubten, dass sie die Zeit überleben wird. Aber sie kämpfte und sie stand nach jedem

Schub wieder auf. Nach all den bangen Tagen und Nächten stand sie jetzt in der Schulaula. Sofort war sie umringt von vielen Menschen. Viele junge Mütter und Väter hatten Tränen in den Augen, als sie das kleine Geschöpf sahen, das bisher so viel Leid über sich hatte ergehen lassen müssen. Das sind die Augenblicke, die den ganzen Stress vergessen lassen.

Gegen 16 Uhr war plötzlich schlagartig Schluss mit den Menschenmassen. Man hatte den Eindruck, dass jemand außen die Straße abgesperrt hatte. Ganz vereinzelt kamen noch Leute und die ganzen Helfer hatten erstmals nach sechs Stunden Zeit, mal einen Kaffee zu trinken, sich die Beine zu vertreten bzw. mal eine zu rauchen.

1.740 Personen wurden an diesem Tag zur Ader gelassen. Wir waren alle ziemlich am Ende, aber jeder war stolz auf das, was wir alle an diesem Tag geschafft hatten. Ich konnte mir natürlich einen Seitenhieb in Richtung Datenbank nicht verkneifen. Hätte man uns nicht die ganze Zeit erzählt, dass eh nicht viele kommen, dann hätten wir uns mit Sicherheit etwas besser auf den Ansturm einstellen können.

Es war aber auch im Nachhinein kein böses Wort von den Leuten zu hören, sondern man erntete durchweg nur positive Resonanz. 38.000 DM in der Spendenbox, 1.740 Spender für die weltweite Datenbank und viele glückliche Gesichter sind die eindrucksvolle Bilanz an diesem Tag.

Keine Gegend war mehr sicher vor uns!

Die Aktion in Pegnitz war natürlich ein Ausrufezeichen für die Region, aber auch für uns. Jetzt musste nämlich erst mal Geld gesammelt werden. Auch der Arbeitgeber von Uschi Götzl aus Eschenbach wollte eine Aktion ausrichten. Finanziell gab es hier keine Probleme, da sie die Kosten übernehmen würden. Also nahmen wir circa 14 Tage nach Pegnitz 64 Mitarbeiter in der Südwolle in Weiden in die weltweite Datenbank auf.

Unmittelbar nach der Aktion in Weiden kam auch schon die Info, dass für Uschi ein Spender gefunden wurde. Fix wurde auch schon der Transplantationstermin besprochen, der in der Uniklinik in Regensburg vorgenommen wurde.

Die nächsten Monate waren dann etwas unspektakulär. Wir sammelten Geld für die Außenstände. Windischeschenbach wollte natürlich auch eine Aktion für »Bela« Pfendt. Aber unsere Freunde von der Datenbank winkten erst mal ab, da die Schulden noch sehr hoch waren. Ok, dann mussten wir halt ein wenig tricksen. Die Anfrage für Windischeschenbach stellten nicht wir bei der Datenbank, sondern die »Helfer vor Ort«. Wir unterstützten, soviel es ging, und konnten so erreichen, dass die Aktion ebenfalls durchgeführt werden konnte und am Ende mit 705 Spendern auch sehr erfolgreich war. Gedränge und lange Warteschlangen gab es nicht mehr, denn wir machten ja jeden Fehler nur einmal und daher waren in Windischeschenbach wesentlich mehr Helfer als in Pegnitz im Einsatz.

Da wir bei der Datenbank erst viel später in Erscheinung getreten waren, ließen wir uns die Rechnung dieser Aktion auch nicht auf die Fahne schreiben, so dass dies unserem Konto nicht angelastet werden konnte.

Das Rathaus von Oberviechtach war unser nächstes Ziel. 300 Leute sind gekommen. Der 300. und letzte Spender war Stefan Meixner von Antenne Bayern.

Bei der Firma Maul und Belser wurden auch nochmals 43 Personen aufgenommen. Dieser Kontakt rührte noch von der ersten Aktion in Nürnberg her.

Tja, und dann gab es ja auch noch unsere neuen Bekannten aus Röthenbach, Sabine und Lenz, die ja beim Eishockey-Benefizspiel anwesend waren.

Mit Sabine hatte ich oft sehr lange Telefonate, da sich auch hier eine Aktion herauskristallisierte. Als wir sie einmal aufsuchten, suchte ich im Haus vergeblich das Aquarium. Sie fragte mich, warum ich ein Aquarium suche. Na ja, bei unseren langen Gesprächen hatte ich immer ein Wasserrauschen gehört. Sabine musste herzhaft lachen und erwiderte, dass ich eine besondere Gabe hatte, immer dann anzurufen, wenn sie in der Badewanne lag. Ups, wäre das auch geklärt. Manchmal telefonierten wir eine Stunde. Na, hoffentlich sind keine Schwimmhäute gewachsen. ☺

Kleine Anekdote am Rande, aber uns wurde schnell klar, dass wir

in Röthenbach eigentlich gar nicht mehr so viel Zeit hatten, da auch hier ein dringender Fall auftrat. Josef Willert, verheiratet und zwei kleine Kinder. Seine Frau war ebenfalls krank; dies kam als erschwerende Tragik noch dazu. Wir wählten den 15. Juli 2001 als Typisierungstag. Mit im Boot saßen der Posaunenchor und die evangelische Kirche aus Röthenbach. Wir planten erstmals eine Pressekonferenz drei Wochen vor der Aktion, unter der Schirmherrschaft von Bürgermeister Günther Steinbauer.

Wir erlebten unser erstes großes »Waterloo«. Gut 25 Pressevertreter waren eingeladen, es kamen NULL!! Kein einziger interessierte sich für das Schicksal von Josef Willert und das von Anja. Enttäuschung machte sich breit, aber nur Enttäuschung, keine Resignation. Wir wussten, dass jetzt noch mal eine Schippe draufgelegt werden musste.

Flyer wurden verteilt und die Presse wurde mit Berichten überschüttet. Jetzt mussten sie, ob sie wollten oder nicht. Es kam der Tag der Aktion und die Spannung stieg. Wir alle hofften, dass wir nicht das gleiche Desaster erlebten würden wie vor drei Wochen. Aber nein, Röthenbach und Umgebung ließen ihren Mitbürger nicht im Stich. 1.096 Personen ließen sich typisieren. Wir alle waren richtig stolz, dass wir trotzdem noch die Menschen erreichten und die Hilfsaktion angenommen wurde.

In den Phasen, in denen keine Aktionen in Planung waren, haben wir immer wieder versucht, Geld zu sammeln.

Wie eine Aktion in Peine bei Braunschweig zustande kam, daran können wir uns beim besten Willen nicht mehr erinnern. Wir wissen nur, dass die Diskothek »Orbit« einen Techno-Abend mit bekannten DJ`s organisierte, um eine Typisierung, die ein paar Wochen zuvor mit 116 Personen stattgefunden hatte, zu finanzieren.

Zwischendrin waren wir mal mit Infoständen in der Nürnberger Arena beim Boxkampf von Sven Ottke. Auch zu RTL Franken Life wurde ich eingeladen.
Einen besonderen Auftritt hatten wir auch in Schlammersdorf bei der berühmten und einzigartigen Flexparade. Vier Tage wurde gefeiert und »Hilfe für Anja« war mit einem eigenen Zelt vertreten. Von Adidas hatten wir uns eine Torschuss-Anlage ausgeliehen, außerdem hatten wir eine leere Asbach-Flasche zur Hälfte

mit 1-Pfennig-Stücken gefüllt und die Leute mussten gegen Gebühr den Inhalt schätzen. Fast 5.000 DM haben wir durch diese Aktionen eingenommen.

Durch unsere Aktionen, vor allem in Nürnberger Kreisen, haben wir auch Andreas Münch aus Rimpar kennen gelernt. Der gelernte Krankenpfleger hat sich von Anfang an sehr für unsere Arbeit interessiert. Irgendwann wurde vereinbart, dass wir eine Aktion in Veitshöchheim machen. Nach Mittelfranken, Oberfranken, der Oberpfalz nun auch noch in Unterfranken. Andy »verpflichtete« die örtlichen Fanclubs aus Nürnberg und von 1860 München und veranstaltete eine super Aktion mit 1.024 Spendern. Auffällig war Bürgermeister Rainer Kinzkofer, der jeden Spender mit Handschlag begrüßte. In dieser Form noch nie dagewesen – super Aktion und vielen Dank!

Mittlerweile war »Hilfe für Anja« in aller Munde und es verging keine Veranstaltung mehr, wo wir nicht anwesend waren oder eine Spende erhielten. Viele Vereine schlugen auch einen »Anja-Zuschlag« auf den Eintrittspreis. Es war eine positive Entwicklung, die wir so nicht in unseren kühnsten Träumen erwartet hätten. Aber auf dieser Erfolgswelle schwammen wir mit. War ja auch schön.

Die PEGA, eine regionale Messe für die vier Gemeinden im Vier-Städte-Dreieck (Pressath, Grafenwöhr, Eschenbach und Kirchenthumbach), lud uns ein, um auf der Gewerbeschau einen Infostand zu machen. Diese Einladung nahmen wir natürlich dankend an und erlebten ein weiteres Highlight. Die PEGA wollte einen Guinnessbuch-Rekord aufstellen. Man wollte das größte Gruppenfoto der Welt machen. Der alte Rekord lag bei 1.005 Leuten.

Die vier Gemeinden erklärten, dass sie für jede Person, die auf dem Bild ist, 1 DM an »Hilfe für Anja« spenden werden. Natürlich haben wir die Werbetrommel kräftig gerührt und am Ende konnten 1.150 Personen begrüßt werden. Weltrekord und 5.000 DM für unsere Organisation.

»Bela« Pfendt wurde transplantiert – ja, wieder ein Erfolg! Und schon ereilte uns der nächste Hilferuf. Sonja, 20 Jahre, aus Weiden. Auch sie braucht dringend einen Spender. Wir planten eine Aktion in Eschenbach und gleichzeitig unterstützten wir eine Aktion in Weiden, im Rahmen der Freizeitmesse. Josef Bock ist hier lobend zu erwähnen, der die Aktion in Weiden in die Hand nahm. Termin war der 3. Oktober 2001 in Eschenbach und am 7. Oktober in Weiden. Und sofort lief die Maschinerie wieder an.

Die ersten Rückschläge machten schwer zu schaffen

Der Verein schwebte aktuell auf einer Erfolgswelle, wie wir es eigentlich nicht kannten. Überall, wo wir hinkamen, egal ob Bäcker, Metzger, Supermarkt oder Restaurant – überall wurden wir darauf angesprochen.

Wir waren stolz, richtig stolz, auf das, was wir in die Wege geleitet hatten. Und dann lernten wir plötzlich eine Seite kennen, an die wir nicht in den kühnsten Träumen gedacht hatten. Wir wurden konfrontiert mit dem Tod!

Wir erlebten die wohl schwärzesten Wochen unserer Vereinsgeschichte. Aus Windischeschenbach kam die schreckliche Nachricht vom Tod von »Bela« Pfendt. Wir waren schockiert, wir wussten nicht, wie wir damit umgehen sollten. Bisher hatten wir nur, trotz der schrecklichen Krankheit, Positives erfahren dürfen. Eine große Trauergemeinde nahm Abschied von Bela, selbstverständlich auch wir von »Hilfe für Anja«.

Und ehe wir uns von dieser schrecklichen Nachricht erholten, schlug die nächste Hiobsbotschaft ein. Zwei Tage nach der Beerdigung von Bela hatte auch Sonja ihren Kampf gegen die schreckliche Krankheit verloren. Wir waren fassungslos. Und jetzt ... Die beiden Aktionen in Eschenbach und Weiden waren fix. Flyer und Plakate waren gedruckt. Sonja war voller Hoffnung gewesen, dass bei diesen Aktionen ihr Spender dabei sein würde. Und nun, drei Wochen vor der Aktion, war sie tot. Wir fielen in eine richtige Schockstarre. An ihrem weißen Sarg schworen wir uns weiterzumachen, auch wenn Bela und Sonja ihren Kampf verloren hatten. Wir hatten ja noch Anja und für Anja kämpften wir weiter, auch wenn es nicht einfach war, aber dies war bestimmt im Sinne von Bela und Sonja.

Mitten in die Schockstarre kam ein weiterer Anruf aus Weidenberg. Katrin, 9 Jahre, braucht dringendst einen Spender. Für mich war es eine richtig brutale Zeit, wieder ein kleines unschuldiges Kind, das nur noch eine einzige Lebenschance hat. Wie schrecklich ist das Schicksal nur? Es gibt keine Antwort auf diese Frage. Man muss es annehmen und versuchen zu kämpfen. Der Patient muss fighten, aber auch das Umfeld, ansonsten bleibt irgendjemand auf der Strecke.

Wir machten noch einen Presseaufruf, sowohl bei uns als auch in der Region von Katrin, damit wir kurzfristig schon einige Menschen bewegen konnten, um Katrin zu helfen. Aus dem Aufruf »Hilfe für Anja und Sonja« wurde kurzerhand »Hilfe für Anja und Katrin«. Schwere Zeiten, auch für unsere Gefühlslage, aber es half nichts, wir mussten funktionieren. Man hatte Vertrauen in uns gesetzt.

3. Oktober 2001 – Gymnasium Eschenbach, Schirmherr war Bürgermeister Dotzauer und wir waren trotz der schrecklichen Nachrichten in den vergangenen Wochen wieder voller Eifer und Ta-

tendrang. Die Aktion war eine ganz besondere. Ab 9.30 Uhr drängten die Leute schon an der Tür, um sich typisieren zu lassen, und wir hatten alle Hände voll zu tun. Bis zur Mittagspause hatten wir bereits 800 Personen typisiert. Wir dachten schon, wir könnten den Rekord von Pegnitz knacken.

Die Region rückte noch näher zusammen, zum einen zum Gedenken an Sonja und natürlich auch für Anja und Katrin.

Der große Ansturm ging aber leider nicht mehr so weiter, viele hatten sich entschieden, früh zu kommen und den Nachmittag bei herrlichem Sonnenschein mit der Familie zu verbringen. Aber am Ende konnten wir wieder 1.127 Personen für die weltweite Datenbank gewinnen. Danke!

Klar war, dass die nächste Aktion in Weidenberg nicht lange auf sich warten lassen durfte. Es gab keine Pause. Bereits während der Aktion in Eschenbach waren einige Verwandte von Katrin gekommen und wir besprachen bereits die Aktion in Weidenberg. Hier war es ein Wettlauf gegen die Zeit und wir durften keine Zeit verlieren.

Aber erst stand noch die Aktion in Weiden auf dem Messegelände auf dem Plan. 456 Personen ließen sich typisieren, der plötzliche Tod von Sonja hatte wohl viele Leute zurückgehalten. Das war natürlich falsch, denn auch wenn es für Sonja nicht mehr gereicht hatte, so hofften doch noch viele andere z. B. Anja und Katrin, auf einen passenden Spender.

Ganz Weidenberg war auf den Beinen, jeder wollte den beiden Mädels helfen. Es war quasi ein Selbstläufer und in all der Euphorie kam auch die Meldung, dass für Katrin ein Spender in der weltweiten Datenbank gefunden wurde. Dies tat der Euphorie keinen Abbruch, die Organisatoren waren wild entschlossen, die

Aktion durchzuziehen. Katrin hatte zwar das große Glück, aber viele andere, auch Anja, warteten noch darauf.

Die Bevölkerung wurde selbstverständlich darüber informiert, dass Katrin einen Spender hatte.

Der Tag der Aktion war gekommen und wir hatten alles bis ins Detail geplant, damit wir kein zweites Pegnitz mehr erleben. Wir wussten, dass es mit Sicherheit eine Aktion 1.500 plus werden würde, und so waren knapp 120 Helfer im Einsatz, um die Ströme zu leiten. Es lief hervorragend, ohne große Wartezeiten wurden 1.546 Spender in die weltweite Datenbank aufgenommen. Am Ende war es eine durchweg positive Aktion. Finanziell gab es hierbei keine Probleme, da das Weidenberger Team eine super Arbeit geleistet hatte.

Mit einer kleinen Aktion in Forchheim haben wir das erste Gründungsjahr abgeschlossen. Über 9.000 Leute waren bisher für die weltweite Datenbank gewonnen worden.

Kurz vor Weihnachten erhielten wir noch die Info, dass die Transplantation von Katrin gut verlaufen war und dass es ihr den Umständen entsprechend gut ging. Wenn alles so weiterliefe, dürfte sie Weihnachten nach Hause. Das waren doch Aussichten. Toll, jetzt konnte Weihnachten kommen.

Glücklich und zufrieden schlossen wir das Jahr 2001 ab.

Die große Zerreißprobe

Mittlerweile waren wir mehr als ein Begriff in der Region. Viele konnten mit dem Thema »Stammzellspende« etwas anfangen und so war es auch schon beinahe ein Selbstläufer. Fast wöchentlich waren wir auf einer Spendenübergabe, um unsere angefallenen Kosten zu decken, aber auch um Geld für neue Aktionen zu sammeln.

Udo Bassemier, Trainer der 2. Mannschaft des FC Bayern München, war plötzlich in aller Munde. Sämtliche Boulevard-Medien machten daraus eine große Story. Udo Bassemier litt an Leukämie und brauchte dringend einen Stammzellspender. Münchens Manager Uli Hoeneß startete einen Hilferuf. Auch der Club aus Nürnberg wollte natürlich seine Unterstützung anbieten und so wurden wir gefragt, ob wir uns so eine Aktion nochmals am Stadion vorstellen könnten. »Klar können wir, aber den Takt geben dieses Mal wir vor!« Wir vereinbarten, dass wir das Spiel gegen Bayern München nehmen und dass wir im neuen Jahr alles Weitere besprechen würden.

Anfang Januar entschloss ich mich, erst einmal nachzufragen, wie es bei Katrin läuft. Vielleicht könnte man sie ja mal besuchen. Freudig rief ich bei Katrins Onkel an. Doch seine Stimmlage war betrübt und sehr leise. Ich merkte sofort, dass hier etwas nicht stimmte. Das, was ich dann zu hören bekam, zog mir schier den Boden unter den Füßen weg: Katrin war Weihnachten nicht nach Hause gekommen. Ihr Zustand hatte sich seit Anfang des Jahres verschlechtert, einige Organe hatten bereits aufgehört zu arbeiten. Ich war wie gelähmt!!

Am anderen Ende der Leitung hörte ich nur noch ein Schluchzen. Und unter Tränen erzählte mir Katrins Onkel, dass die Ärzte sie aufgegeben hatten und dass sie ihr das Sterben so leicht wie möglich machen wollten. Ich konnte nichts mehr sagen. Ich glaube, ich faselte noch irgendwas in die Leitung, dass es mir leidtut oder dass ich das alles nicht glauben kann. Mit meinen Gedanken war ich aber schon ganz woanders.

Ich legte den Hörer auf. Nachdem ich erst mal registriert hatte, was er mir da jetzt gesagt hatte, konnte ich meine Tränen nicht mehr halten. Es war für mich, wie wenn ich gerade mein eigenes Kind verloren hätte. Ich war wütend, auf Gott, auf die Datenbank, auf unsere Arbeit, ja sogar auf mich. Warum? Warum? Warum? Dieses unschuldige, kleine, freundliche Wesen hatte der Welt nichts getan. Musste so viel leiden, hatte das ganze Leben noch vor sich. Aber nein, dieses kleine Geschöpf musste sterben.

Ich konnte keine Aktion in Nürnberg planen, auch wenn wir immer wieder gefragt wurden, wann wir uns treffen könnten. Manager Edgar Geenen hatte die Schirmherrschaft übernommen. Aber ich hatte keine Kraft für eine neue Aktion. Insgeheim hofften wir alle, dass Katrins Onkel doch etwas übertrieben hatte und dass der Anruf kommen würde: »Alles ist gut«

Der Anruf kam, aber leider mit einem anderen Inhalt. Katrin war friedlich eingeschlafen! Am 15. Januar 2002 um die Mittagszeit war sie von ihrem schweren Leiden erlöst worden. Ich saß gerade im Auto und musste anhalten. Das war zu viel. Meine Gedanken waren bei Katrins Familie. Was mussten diese Eltern alles ertragen. Wie schlimm musste es sein, sein eigenes Kind auf dem Sterbebett zu sehen. Ich ertrug diese Gedanken nicht, ich hätte am liebsten geschrien. Wie grausam kann das Leben sein!

In diesem Augenblick beschloss ich für mich, dass mit dem Tod von Katrin auch die Aktion »Hilfe für Anja« gestorben war. Erst Bela, dann Sonja, jetzt Katrin. Das Ganze brachte nicht wirklich was. Ende – aus, ich rief in Nürnberg an und erzählte dem Fanbeauftragten, dass es keine Typisierung mehr geben wird – auf jeden Fall nicht mit uns.

Es gab viele Tränen an diesem Tag. Viel reden wollte ich aber nicht mehr. Erst am nächsten Tag rief ich Anjas Mama an, erzählte ihr von Katrins Tod. Sie wussten gar nicht, dass sie schon ein paar Tage im Sterben gelegen hatte. Dies hatte ich bewusst verschwiegen, damit sie in ihren Sorgen nicht irgendwie einen Bezug zu Anja herstellen konnte. Die Todesnachricht musste ich ihr mitteilen und auch das Ende des Vereines »Hilfe für Anja e. V.« Lisa war ganz ruhig, auch sie weinte. Sie sagte zum möglichen Vereinsende nichts, meinte nur, dass sie erst mal die schreckliche Nachricht verdauen müsse. Sie würde sich später nochmals melden.

Ich informierte auch unseren zweiten Vorstand Uwe Dietrich von Katrins Ableben und von meinen Gedanken, den Verein aufzulösen. Auch er sagte nicht viel dazu. Wir verständigten uns darauf, nach der Beerdigung eine Vorstandschaftssitzung einzuberufen.

Die Beerdigung wurde für den engsten Familienkreis geplant, aber uns gab man zu verstehen, dass wir trotzdem herzlich willkommen wären. Das war für mich ein wichtiger Augenblick, damit man hier nochmals einen Abschluss finden konnte. In diesem Fall auch einen Abschluss des Kapitels »Hilfe für Anja«. Neben meiner Frau Christine wurde ich auch von Anjas Mama Lisa und Papa Reinhard begleitet. Es war eine würdevolle Trauerfeier und der Pfarrer fand nicht nur nette, sondern auch rührende Worte. Er fragte nach dem »Warum«? – aber er sagte auch, dass dieser Tod nicht ganz sinnlos gewesen sei, denn schließlich habe Katrin dafür gesorgt, dass 1.545 neue potentielle Lebensretter in der weltweiten Datenbank vertreten sind. Und bei all dem Schmerz dürften auch nicht die vielen anderen Patienten, allen voran die kleine Anja, vergessen werden, die nach wie vor auf die Hilfe der Bevölkerung angewiesen waren und auch deren Hilfe verdient hatten.

Anja, ja Anja, an sie hatte ich bei all dem Schmerz nicht mehr gedacht. Plötzlich konnte ich Anjas Eltern nicht mehr in die Augen schauen, ich schämte mich für mein egoistisches Denken. In meinem Kopf kreisten die wildesten Gedanken. Hatte Anja überhaupt eine Chance? Bela und Katrin hatten auch einen Spender gehabt und schafften es nicht. Sonja war vorher schon gestorben.

Was war, wenn das alles, was wir machten, nur Geldschneiderei war? Nicht von uns, wir arbeiteten alle ehrenamtlich und steckten unser Geld noch mit in den Verein. Aber was war mit den vielen Datenbanken bzw. Laboren; vielleicht ging die Überlebenschance sowieso gen NULL. Wir sammelten Geld, baten um Spenden und die Leute starben – »Einer nach dem anderen!« Es gab aber auch Uschi aus Eschenbach, ihre Transplantation war nun über ein Jahr her und ihr ging es einigermaßen gut.

Nach der Trauerfeier redete ich nicht viel. Wir fuhren wortlos heim. Meine Frau Christine wusste wohl, was in mir vorging, aber auch sie sagte nichts. Als wir zu Hause ankamen, lag eine Nachricht auf dem Tisch; Edgar Geenen wolle mich sprechen. »Nein, ich will mit niemandem sprechen, lasst mich einfach alle in Ruhe!«

Die nächsten Tage waren für mich schwer zu ertragen. Mein Entschluss, »Hilfe für Anja« nicht mehr weiterzuführen, machte mich mürbe. Immer wieder hatte ich die Worte des Pfarrers im Kopf: »Katrins Tod war nicht umsonst, und denken wir auch an Anja – Anja – Anja«, immer wieder hallte es durch meinen Kopf. Anja brauchte unsere Hilfe. Ich rief Uwe an, unseren 2. Vorstand. Seine Meinung war klar. »Du bist der Kopf des Vereins. Wenn du sagst, dass du nicht mehr weitermachen kannst, stehen wir hinter dir!«

Ich telefonierte mit Lisa, ich glaube, wir telefonierten zwei Stunden. Gut, dies war in der Vergangenheit keine Seltenheit gewesen, denn unter 90 Minuten ging bei uns beiden generell nichts.

Aber das Telefonat war anders; o. k., nach Scherzen war uns eh nicht zumute. Auch Lisa meinte, dass ich diese Entscheidung alleine treffen muss. Sie würde es zwar schade finden, aber könnte es natürlich verstehen. Im Hintergrund hörte ich immer wieder Anja. Auch Anja wollte leben und wir konnten unseren Teil dazu beitragen. Vielleicht!

Ich weiß nicht, worauf, aber auf irgendwas wartete ich. Die Vorstandschaftssitzung habe ich erst mal nicht gemacht und Edgar Geenen ließ ich ausrichten, dass ich mich Anfang Februar melden würde.

Eines Abends saß ich zu Hause und erhielt einen Anruf von einer gewissen Frau Maria Götz. Sie fiel eigentlich gleich mit der Tür ins Haus. »Ich möchte mich bei Ihnen bedanken, dass Sie die Typisierung in Auerbach gemacht haben!« Ich war schon etwas verwundert. Ja, gut, haben wir doch gerne gemacht, aber warum möchte sich diese Frau bei mir bedanken? Sie erzählte mir voller Stolz, dass sie in der Klinik war und für einen 6-jährigen Jungen in der Schweiz gespendet hatte. Spürbar zeigten sich ihr Stolz und ihre Euphorie, dass sie sich bei einer unserer Aktionen hatte aufnehmen lassen und gleich als Spender für einen kleinen Jungen in Frage gekommen war. Bei ihr wurde sogar die Entnahmevariante aus dem Beckenkamm mit Narkose angewandt. Aber wenn man ein Menschenleben retten darf, dann sind diese Schmerzen gar nicht schlimm.

Die nächste schlaflose Nacht lag vor mir. Wieder hatte ich die ganze Zeit die Worte des Pfarrers in meinem Ohr, aber auch die Freude und die Dankbarkeit von Maria Götz, das Gesicht von Anja und ihrer Familie. Gegen 3 Uhr fasste ich den Entschluss, es muss weitergehen! Wir dürfen jetzt nicht aufhören. Rückschläge gehören im Leben dazu. Und alle, die auf einen Spender warten, können auch nicht einfach sagen: »Ich höre auf!« Anja und die vielen weiteren Patienten haben es verdient, dass wir weiterkämpfen. Ich weckte Christine, um ihr die Nachricht mitzuteilen. Sie war sofort hellwach. Sie sah mich an und sagte ganz stolz: »Freut mich, dass wir nicht aufhören. Dafür hängst du zu sehr an dem Verein und an der Arbeit.« Sie hatte wohl Recht, aber ich musste erst mal die Selbstzweifel in mir bekämpfen. Dass meine Entscheidung richtig war, merkte ich, als sie sagte, »dass WIR nicht aufhören«. Da merkte ich auch, dass ich vielleicht etwas egoistisch gewesen war. Diese Entscheidung hätte ich gar nicht alleine treffen können. Über meine Person ja, aber nicht über den Verein.

»The show must go on«, für Anja, für die vielen anderen Patienten und ganz bestimmt auch im Sinne von Bela, Sonja und Katrin.

Bessere Jahre standen bevor

Nun konnte ich voller Tatendrang wieder an die Arbeit gehen. Ich hatte viele Gedanken an Katrin, aber auch viele Gedanken an Anja und das war gut so.

Als Nächstes stand die Aktion im Frankenstadion an. Es gab keine großen Schwierigkeiten, schließlich war man ja schon im Stadion erprobt. Von da her war es mittlerweile eine Routineaktion. 316 Spender konnten begrüßt werden.

Ein paar Wochen später waren wir zum Country-Frühschoppen mit Typisierung bei den FCN-Freunden in Artelshofen eingeladen. Dies war auch eine Aktion, an die wir gerne zurückdenken. Als wir früh am Morgen ankamen, waren sie gerade mit dem Aufbau der Zelte beschäftigt und mussten feststellen, dass ein Zelt nicht mehr vollständig war. Ein wildes Hin und Her begann, aber wir machten keinen Stress daraus. Kurzerhand beschlossen wir, da herrliches Wetter war, dass wir eine »Open-Air«-

Typisierung machen. Die Datenerfassung unter Sonnenschirmen, die Blutentnahme im Zelt. Spontane Sachen sind meist die besten, man kann planen, was man will, am Schluss kommt dann doch alles anders.

Zu dieser »Open-Air«-Aktion wurden am Ende 286 Personen zur Nadel gebeten. Die Veranstalter waren zwar ein wenig enttäuscht, aber man muss mit jedem Spender zufrieden sein. 286 Spender sind 286 neue Lebenschancen. Und dass jede Person zählt, zeigt sich dadurch, dass wir Jahre später ein Schreiben von einer jungen Mutter erhielten, die sich bedankte, dass wir diese Arbeit machen:

Hallo,

mein Name ist Meike Kurz. Unser Sohn Nico wurde vor zwei Jahren transplantiert. Wie wir nun erfahren haben, hat sich unser Spender 2002 in Artelshofen für Anja typisieren lassen. Ich habe auf Ihrer Homepage gelesen, dass Sie das gerne erfahren möchten. Ich schicke Ihnen im Anhang ein Foto vom ersten Treffen mit unserem Spender Helge, das Sie gerne verwenden dürfen, wenn Sie möchten. Wir wünschen Anja alles, alles Gute und vielen Dank für Ihre Arbeit!

Liebe Grüße, Meike Kurz

Solche Mails kommen leider viel zu selten vor, aber umso mehr freut man sich, wenn man einmal eine bekommt.

Am 3. Oktober 2002 stand eine Aktion in Kemnath auf dem Plan. Unter großer Mithilfe von Stefan und Uschi Prechtl war auch diese Aktion ein voller Erfolg. Und »Hilfe für Anja« konnte ein

Jubiläum feiern. Monika Kainz aus Immenreuth war die 10.000. Spenderin, die durch »Hilfe für Anja« in die weltweite Datenbank aufgenommen wurde. Punkt 10.55 Uhr gab sie an diesem Tag der deutschen Einheit ihr Blut bei der Endkontrolle ab. Mit einer Flasche Sekt und einem Blumenstrauß haben wir uns symbolisch für 10.000 Spender bei Frau Kainz bedankt.

Es machte uns schon ein wenig stolz und mich insgeheim sehr glücklich, vor ein paar Monaten doch die richtige Entscheidung getroffen zu haben; nämlich weiterzumachen, auch wenn der Tod von Bela, Sonja und Katrin noch tief in der Seele schmerzt.

In den nächsten Monaten waren wir sehr aktiv. Viele kleinere Aktionen standen auf dem Programm. Es waren mal 95 Personen bei einer Betriebstypisierung in Neuhaus, 85 Personen bei einer Firma in Nürnberg, 49 neue Spender bei der Firma Curamik in Eschenbach.
Man erlebte meist tolle Sachen, aber auch manchmal herbe Enttäuschungen.

In der Mensa in Bayreuth fand eine Riesen-Veranstaltung von Antenne Bayern statt. Wir durften nebenan in den Hörsaal zum Typisieren. Wir erhielten die Zusage eines sehr bekannten Radio-Moderators, er würde die Aktion mit unterstützen. Da dies ja vor Jahren in Oberviechtach mit Stefan Meixner super funktioniert hatte, ließen wir uns auf diesen Deal ein.

Wir hatten fast 50 Helfer im Einsatz, aber der große Ansturm blieb leider aus. Keine einzige Durchsage in der Mensa, obwohl der Moderator es unmittelbar vor der Veranstaltung nochmals zugesagt hatte. Schade, manchmal könnte man mit einfachsten Mitteln und ohne großen Aufwand sehr viel erreichen, aber wenn der Wille fehlt, dann geht leider nichts. Auch den versprochenen freien Eintritt für unsere Helfer gab es nicht. Man gab uns sieben

Freikarten und der Rest sollte bezahlen. Wir alle erklärten uns solidarisch und blieben der Veranstaltung fern, genauso wie die Leute unserer Veranstaltung fernblieben. 195 Spender konnten aber trotzdem aufgenommen werden. Die kamen aber schon nachmittags.

Im Juni 2003 machten wir die erste große Aktion außerhalb von Bayern. Wir waren in Königheim im schönen Taubertal, das ja schon in Baden-Württemberg liegt. Ein Riesen-Event wurde um diese Typisierung geplant. Matthias Hess und seine Junge Union haben dazu eingeladen. Hubschrauberflüge, Hundestaffel, Livemusik, Gegrilltes, alles, was das Herz begehrt. Es war richtig was geboten und Jung und Alt kamen auf ihre Kosten.

Mittlerweile hatten wir eine zweite Datenbank mit im Boot. Wir arbeiteten mit dem »Netzwerk Hoffnung« vom Uniklinikum Würzburg zusammen. Vorerst beschränkten wir uns aber nur auf die Aktionen im Würzburger Raum. In der Oberpfalz bzw. in Ober- und Mittelfranken machten wir mit der herkömmlichen Datenbank weiter. Der Grund war ganz einfach. Unser Mitglied Andy Münch stellte den Kontakt her, da er im Klinikum in Würzburg beschäftigt war.

Tolle Aktion im Taubertal und gute Zusammenarbeit, nette und motivierte Leute, tolle Stimmung und am Ende stolze 764 Personen, die sich typisieren ließen. Danke nach Württemberg!

Anschließend folgten wieder kleinere Aktionen. Unisono in Bayreuth feierte das 10-jährige Jubiläum ihrer Agentur. Anstelle von sinnlosen Geschenken für ihre Kunden luden sie diese zur Typisierung ein. 95 Leute kamen und die Aktion wurde mit viel Kaffee und Kuchen untermalt.

Es ist sehr unterschiedlich, manchmal können 95 Leute ein Riesen-Erfolg sein und manchmal 195 eine herbe Enttäuschung. Es ist immer aus der Sicht zu sehen, welchen Background man nutzen kann. Das Wichtigste muss aber für alle Veranstalter sein, dass jeder Spender zählt und hinter jedem Spender ein potentieller Lebensretter steckt.

625 Spender konnten wir bei einer Großaktion der Main-Spessart-Krankenhäuser in Lohr, Karlstadt und Marktheidenfeld gewinnen.

Eine Arbeitskollegin von mir, Heidi Nagler, trat an mich heran und fragte, ob wir in ihrem Ort auch eine Typisierung machen könnten. Klar, warum nicht. Also zog es uns in den Kreis Neustadt/Aisch nach Trautskirchen. Auf den Tag genau ein Jahr nach der 10.000. Spenderin konnte an diesem besagten 3. Oktober 2004 die 15.000. Spenderin begrüßt werden. Birgit Mertel aus Trautskirchen gab als 15.000. ihr Blutröhrchen bei unserer Endkontrolle, bei Uwe Dietrich, ab.

Neben vielen Typisierungsaktionen gab es aber noch viele weitere Events rund um »Hilfe für Anja«. So waren wir mit einem 400-Mann-Zelt auf der PEGA, der Gewerbeschau im Vierstäd-

tedreieck, anwesend. Neben Kaffee und Kuchen boten wir unseren Gästen auch ein abwechslungsreiches Rahmenprogramm, eine Zaubershow für unsere kleinen Gäste, einen Auftritt einer Bauchtanzgruppe und den Auftritt einer Aerobic-Gruppe und als Höhepunkt eine Modenschau. Abends hatten wir auch eine After-PEGA-Party mit Kicker-Turnier. Eine rundum gelungene Veranstaltung. Drei Tage volles Haus war das Ergebnis. An diesem Wochenende starteten wir auch die wohl größte Aktion, die wir bisher gemacht haben. Wir begannen Lose zu verkaufen. Der erste Preis war nichts Geringeres als ein nigelnagelneues Auto - ein Golf 5. Ein Los kostete 2,50 Euro, fünf Lose 10 Euro. So einfach war die Strategie. Wir schrieben die Adresse auf, einen Losabschnitt bekam der Loskäufer und der andere kam in eine Lostrommel. Die PEGA sollte der Startschuss sein und die Verlosung sollte auf dem Weißbierfest der Brauerei Püttner im August stattfinden.

Nach der PEGA zogen wir durch die Oberpfalz und durch Franken, um auf sämtlichen Festen und Jahrmärkten Lose zu verkaufen. Am Ende haben wir circa 22.000 Lose an den Mann/die Frau gebracht. Live auf dem Weißbierfest wurden die Gewinner gezogen. Ziehungsbeauftragter war der Schlammersdorfer Bürgermeister Gerhard Löckler und als Glücksfee fungierte – na klar, wer konnte es anderes sein, ANJA!

Die Gewinnerin kam aus Siegritz bei Bamberg und war im 9. Monat schwanger. Hätten wir das gewusst, wären wir am Telefon mit ihr behutsamer umgegangen. Aber so haben wir ihr die freudige Nachricht so richtig schön langsam unter die Nase gerieben.

Fünf Tage später konnten wir der überglücklichen Gewinnerin den Wagen im Autohaus Ritter in Vorbach übergeben. Wieder etwas geschafft! Nun konnten wir die nächsten Projekte in Angriff nehmen. Das 5-jährige Gründungsfest stand im folgenden Jahr an und da ließen wir es richtig krachen.

Wer konnte bei diesen netten Damen schon »Nein« sagen!

22.000 Lose wurden an den Mann/die Frau gebracht.

Anja zog die glückliche Gewinnerin.

Rock for life - 5 Jahre »Hilfe für Anja«

5 Jahre »Hilfe für Anja« stand also im Jahr 2005 auf dem Plan. Da gab es viel zu tun, vor allem, weil die Feierlichkeiten vier Tage lang geplant waren. Nichtsdestotrotz haben wir unseren eigentlichen Auftrag nicht vernachlässigt.

Wir schrieben den Blutspendedienst an, ob es eine Möglichkeit gäbe, die Typisierung im Rahmen der Blutspende zu machen. Wenn doch schon mal die Nadel steckt, könnte man doch auch diese 5 ml mit abnehmen. Es kam auch postwendend eine Antwort. Man war der Idee nicht abgeneigt und so kam es zu einem ersten Treffen zwischen »Hilfe für Anja e. V.« und dem Leiter des Blutspendedienstes.

Die Fronten waren schnell geklärt. Wir würden aktuell die Kosten für 2.500 Spender übernehmen. Wir bestimmen, in welchen Orten typisiert wird, und der Blutspendedienst schickt uns alle vier Wochen eine Aufstellung über die typisierten Personen. Ein paar Sachen musste jeder noch intern klären, aber für das erste Treffen konnte man zufrieden sein. Wir vereinbarten einen weiteren Termin, an dem wir das Ganze fixieren wollten.

Drei Wochen später fand das nächste Treffen statt und die letzten Unklarheiten waren aus der Welt geräumt. Wir vereinbaren, dass wir den Startschuss sowohl in Hirschaid, dem Wohnort von Anja, als auch in Kirchenthumbach medienwirksam gestalten würden. Es war ein großer Auflauf, denn eins habe ich in den letzten fünf Jahren gelernt: Wenn du was erreichen willst, musst du an die Öffentlichkeit. Presse da, Presse dort, den Leuten muss dein Gesicht bekannt sein, sie müssen damit etwas anfangen können. Es darf nicht zu viel sein, aber auch nicht zu wenig. Ist man einmal eine Zeit lang nicht mehr in der Presse, muss man immer mal damit rechnen, dass jemand fragt, ob es den Verein überhaupt

noch gibt. Also haben wir bei diesen beiden Terminen ein Groß-
aufgebot an Presse bestellt. Auch haben wir ein paar junge Leute
ausgesucht, die für das Foto »posieren«, damit auch wirklich
nichts dem Zufall überlassen wurde. Es lief super an, auch in den
anderen Orten. Nach vier Wochen kam auch die erste Aufstellung
mit den ersten 250 typisierten Personen aus zwölf Blutspendenak-
tionen. Das konnte sich sehen lassen. Nachdem wir alles geprüft
hatten, überwiesen wir die 12.500 Euro auf das Konto des Blutspendedienstes.

Das Gleiche wiederholte sich Monat für Monat. 1.200 Spender
wurden so aufgenommen und von »Hilfe für Anja« bezahlt. Dies
war für uns eine einfache Sache, denn wir hatten damit keine Arbeit und durften »nur« zahlen. Unsere Aufgabe lag darin, zu versuchen, die Spendengelder aufzutreiben, was nicht immer ganz
einfach war.

Die Losaktion mit dem VW Golf erbrachte nach Abzug aller Unkosten einen satten Gewinn. Dieses Geld sollte für diese Aktion
bereitgestellt werden. Doch plötzlich kamen nur noch Rechnun-
gen, aber keine Nachweise mehr, wo wie viele Menschen aufgenommen wurden. Diese Daten sind normalerweise mit einer Iden-
tifikationsnummer versehen und an uns geschickt worden. Aus
Datenschutzgründen erfuhren wir nicht, wer aufgenommen wurde, aber wir wussten, wie viele Personen in welchem Ort registriert worden waren. Dieser Nachweis fehlte. Also hielten wir die
nächste Rechnung zurück, bis wir diese Info erhielten.

Technische Probleme, hieß es aus der Schaltzentrale des Blutspendedienstes. »O. k., solange diese nicht behoben sind, gibt es
auch kein Geld«, war die klare Ansage von uns.

Es flatterten die ersten Mahnungen ins Haus und man erzählte
uns etwas von einer »vertrauensvollen Zusammenarbeit«. Ist

schon irgendwie richtig, aber ich verwalte Spendengelder und da zählt keine vertrauensvolle Zusammenarbeit, sondern es zählen einfach nur Fakten, die ich schwarz auf weiß benötige. Kein Nachweis – kein Geld, so einfach ist das.

Leider konnten die technischen Probleme über einen größeren Zeitraum nicht behoben werden, so dass wir uns im beiderseitigen Einvernehmen entschieden, die Aktion erst mal auf Eis zu legen.

Ganz zum Schluss versuchte die BRK-Gruppe aus Kirchenthumbach noch einen Vorstoß, aber auch deren Möglichkeiten waren begrenzt. Auch sie konnten keinen Einfluss darauf nehmen. An dieser Stelle auch mal ein Dankeschön für euer immer offenes Ohr, wenn wir Hilfe benötigten. Mittlerweile wird es wieder im Rahmen der Blutspende angeboten. Wir haben zwar nichts mehr damit zu tun, was aber auch egal ist. Wichtig ist, dass es wieder im Angebot ist.

Also konzentrierten wir uns nun auf andere Dinge. Fünf Jahre »Hilfe für Anja« stand auf dem Programm. »Rock for life« lautete das Motto der Party. 2.000-Mann-Zelt, vier Tage und die angesagtesten Bands aus der Region, so war der Plan. Die Frage lautete nur: Mit welchen Leuten können wir so ein Mega-Event stemmen?

Also gingen wir auf Tour durch die Ortschaften und fragten sämtliche Vereine, ob sie uns unterstützen wollen. Wir erhielten keine Absagen!!!! Feuerwehren, Kriegerverein, Landjugend, FCN-Fanclub, alle zogen an einem Strang. So war es eine Riesenparty.

Den Anfang machte die Gruppe Generation X, gefolgt von der Metal-Band Justice. Freitagabend war ein Discoabend angesagt. Hakan Turan von Antenne Bayern und DJ Udo H. waren am Start und brachten die Menge zum »Toben«. Und der Samstag war reserviert für das ältere Publikum. Dieser Abend war aber der am schwächsten besuchte Tag. Schade eigentlich. Am ersten Tag war das Zelt voll, am 2. Tag kamen knapp 1200 Besucher. Der Disco-Abend war total überfüllt. Zum Glück hatten wir ein Riesen-Festgelände und das Wetter war schön, so dass es trotzdem angenehm war und kein großes Gedränge entstand. Tja und der Samstag war dann eben nicht so toll. Knapp 800 Besucher machten das Zelt halb voll.

Wenn man die gesamten vier Tage sah, durfte man nicht enttäuscht sein. Schließlich hatten wir es geschafft, in vier Tagen circa 6.500 Besucher für unser Festival zu begeistern. Und alle, die da waren, waren begeistert und sparten auch nicht an Lob und Anerkennung. Für uns war aber klar, dass dies nur mit Hilfe der mitwirkenden Vereine aus der Region geschehen konnte. Daher auch zehn Jahre danach nochmals an alle ein recht herzliches Vergelt`s Gott.

Die Feierlichkeiten waren noch nicht vorbei, da ereilte uns schon der nächste Hilferuf. Eine junge Mutter stand am Samstag plötzlich auf dem Festgelände und fragte, ob wir sie unterstützen könnten, da ihr 16-jähriger Sohn an Leukämie erkrankt sei und dringend auf einen Spender warte. Trotz Feststress führten wir bereits unser erstes Gespräch, da uns jetzt schon klar war, dass wir bei diesem Fall wieder mal nicht viel Zeit hatten. Nicht immer, aber sehr oft ist diese Krankheit auch ein Wettlauf mit der Zeit.

Der Sound war noch nicht ganz aus den Boxen verhallt, da lief die nächste Aktion schon an. Wir wussten auch nicht, wie hoch der Gewinn von »Rock for life« ausfallen würde, aber wir wussten zu diesem Zeitpunkt schon, dass das Geld wieder verplant ist.

Top-Bands und DJ´s rockten vier Tage die Bühne!

Die Jungen und Jung-gebliebenen kamen voll und ganz auf ihre Kosten.

Beim bayerischen Abend war für Stimmung gesorgt.

Wechselhafte Zeiten

Die nächste Aktion musste also in Erbendorf sein. Bernhard, 16 Jahre, wartete auf einen Spender. Die Eltern wollten nicht untätig zusehen, wie die Klinik die weltweite Datenbank durchforstete. Als der Rest der Mannschaft noch die letzten Spuren von »Rock for life« beseitigte, saßen wir schon mit Bernhards Eltern zusammen, um die Aktion zu planen.

Bürgermeister, Pfarrer und viele Freunde der Familie packten mit an und so konnte diese Aktion nach drei Wochen über die Bühne gehen. Wahnsinn, was Krummenaab, Erbendorf und wir hier in der Kürze der Zeit auf die Beine gestellt haben.

Am Tag der Aktion lief jedes Rädchen ineinander, so dass nach getaner Arbeit 1.085 neue Stammzellspender für die weltweite Datenbank zur Verfügung standen. Danke, Familie Knoth – danke allen Helfern!

Für Bernhard folgten noch Aktionen in der Berufsschule Triesdorf mit 523 Spendern und im Gymnasium Tirschenreuth mit 346 Spendern.

Es ist immer ein wenig schade, wie den Helfern bzw. den Organisatoren die Enttäuschung im Gesicht steht, wenn die Erwartungen nicht erfüllt werden. Generell muss man erst mal froh sein, dass überhaupt jemand Bereitschaft zeigt, sich typisieren zu lassen. Wir verstehen natürlich auch, dass jeder möchte, dass die Arbeit auch belohnt wird. Aber hier muss man sich die Frage stellen, ab wann sie belohnt ist. Wenn 1.000 Leute kommen? Oder ist sie auch schon belohnt, wenn »nur« 50 oder 100 Leute kommen?

Man kann nicht immer 1000 Leute oder mehr haben. Es reicht auch, wenn der Richtige dabei ist, und da kann schon eine Person reichen. Normal rechnet man, dass aus jeder Aktion 1 % als Spender in Frage kommen. Das wären bei einer Aktion von 346 Personen immerhin drei Personen. Drei Patienten, die vielleicht keine Lebenschance gehabt hätten. Und so wie mir bekannt ist, haben neun Personen aus der Tirschenreuth-Aktion Stammzellen gespendet. Also alles richtig gemacht!

Viele Kosten, aber leider nicht immer das nötige Geld dazu. Da brauchte man gute Ideen, aber auch ein wenig Glück. Ein Glücksfall war für uns, dass wir Karin Wagner kennen gelernt haben. Jetzt bin ich mal ehrlich, ich hoffe, du verzeihst mir das, liebe Karin, wenn du das liest. Als mich Karin anrief und von ihrer Idee erzählte, dass sie Autogrammkarten über Ebay versteigern wollte, sah ich hier kein Publikum dafür. Wer würde denn schon eine Autogrammkarte für ein paar Euro ersteigern wollen, und wie viele muss man da versteigern, um nur mal 100 Euro zu bekommen? Ich hatte Zweifel, aber gut. Karin wird schon wissen, was sie tut.

Wir setzten einen Link auf unsere Homepage und dann harrten wir der Dinge. Ich muss sagen, ich staunte nicht schlecht, manche Karten blieben bei NULL, manch eine ging für 10 oder 12 Euro über den Ladentisch. Ich war schier beeindruckt, die Karten gingen weg wie warme Semmeln.

Ich zog meinen Hut, was man mit einer Unterschrift auf einem Bild alles erreichen kann. Wahnsinn! Ich weiß nicht mehr, wie viel Karin dadurch gesammelt hat, aber es war auf alle Fälle ein 5-stelliger Betrag und die erste Zahl war keine Eins!!!

Dem nicht genug: Karin entdeckte auch die Kunst, Firmen um Spenden für Tombolas zu bitten. Auch hier strömten Tausende von Preisen ins Haus oder zu Karin. Dank ihr konnten wir auf vielen Veranstaltungen eine Tombola machen und dadurch Tausende von Euros sammeln.

KARIN, dich schickte der Himmel. DANKE!

Das Uniklinikum bat erst mal seine Mitarbeiter zur Nadel und fast 1.000 Pfleger, Schwestern und Ärzte folgten dem Aufruf.

Sechs Monate nach der ersten Aktion für Bernhard erreichte uns seine Todesnachricht. Seine Krankheit war einfach zu weit fortgeschritten, so dass es keine Rettung mehr gab. Wieder brach ein Teil unserer Hoffnung von uns ab, aber in diesem Fall fielen wir nicht in ein so großes Loch wie vor Jahren noch bei Katrin. Jeder Tod ist schrecklich und man wird jedes Mal aufs Neue erschüttert. Aber wir haben gelernt, anders damit umzugehen.

Es lag bestimmt auch mit daran, dass schon über 100 Spender Stammzellen gespendet haben, die durch »Hilfe für Anja« in die weltweite Datenbank aufgenommen wurden.

Sehr würdevoll war auch die Trauerfeier und genau diese Worte fand auch Pfarrer Dolling. In jedem Patienten, der Stammzellen aus Erbendorf erhält, wird Bernhard weiterleben.

Mediales Interesse nimmt zu

Anja, für sie wurde der Verein gegründet. Immer noch war kein Spender in Sicht. Ihr Zustand war mal besser, mal schlechter.

Die lebensbedrohlichen Schübe, die sie noch vor Jahren hatte, waren zu diesem Zeitpunkt nicht mehr so schlimm. Es begann nun auch die Zeit, in der sie fast 2 ½ Jahre keine großartigen

Schübe mehr gehabt hatte. Man neigte schon zu glauben, was von selber gekommen ist, ist auch von selber wieder gegangen. Fast kein Fieber; wenn, dann nur eine leichte Grippe, aber alles sehr harmlos.

Die Angst lebt aber immer mit, egal, ob es nur ein kleiner Schnupfen war oder ein grippaler Infekt. Man weiß ja nie, was daraus wird. Hinter jedem kleinen Schnupfen kann ein weiterer langwieriger und schmerzhafter Schub stecken. Aber je länger sie ohne Schub blieb, umso mehr wuchs die Hoffnung, dass sie es auch ohne Spender schaffen würde. In dieser Zeit wurde auch der weltweite Suchlauf unterbrochen, da man jetzt erst mal den Krankheitsverlauf oder besser gesagt den Heilungsverlauf abwarten wollte.

Mittlerweile ist das Thema Stammzellspende schon wesentlich bekannter als noch zu unserer Anfangszeit. Zum einen haben wir natürlich gerade in unserer Region sehr viel Aufklärung betrieben, aber auch die Medien, vor allem das Fernsehen, berichteten immer mehr über Knochenmark- und Stammzellspende.

So ein riesiger Medienhype war Melanie Jahnke, 22 Jahre, aus Salzgitter. Johannes B. Kerner befasste sich mit dem Thema. Wie immer, man wollte ein junges Mädchen zeigen; Glatze, gezeichnet von Todesangst, den Lebensmut verloren. Von wegen, genau das Gegenteil flimmerte über den Bildschirm. Ein junges, lebenslustiges Mädchen, keineswegs mit Todesangst, erzählte von ihren Wünschen und Zukunftsplänen. Gut, Herr Kerner, die Glatze musste sein, aber genau das störte Melanie nicht. Sie hatte Zukunftspläne, obwohl sie wusste, dass die Zukunft eigentlich zu diesem Zeitpunkt gar nicht mehr so rosig für sie aussah. Aber sie machte so vielen Patienten Mut, den Kampf gegen diese Krankheit nicht aufzugeben.

Das war der erste TV-Bericht, der auch uns weiterhalf. Die Leute sahen eine Verbindung zu unserer Arbeit. Aber leider hat es Melanie auch nicht geschafft. Als nach zwei Jahren endlich ein Spender gefunden wurde, war sie schon zu schwach für die Transplantation und verstarb noch, bevor man begann.

Aber der Hype um die Stammzellspende war ungebrochen groß, weil gerade Johannes B. Kerner weiter berichtete. »Melanie hat es nicht geschafft, aber es gibt noch viele Melanies da draußen und auch die haben ein Recht zu leben«, das war eine seiner Kernaussagen ans Volk. Und das Volk nahm sich die Worte zu Herzen.

Wir tingelten weiter durch die Dörfer und typisierten. Die großen Aktionen waren weg, da wir in der Region schon oft unterwegs gewesen waren. Eine weitere Aktion war auf dem Landesparteitag der Grünen in Weiden. Der Parteivorsitzende Sepp Dachsenberger war ebenfalls an Leukämie erkrankt. Man fragte uns, ob wir helfen wollten. Natürlich, für uns keine Frage. Also starteten wir einen Aufruf für den Sepp. Die Ärzte ließen sich ein wenig bitten, so dass wir anfangs keinen Blutabnehmer hatten. Daraufhin machten wir einen Aufruf in der Presse und baten um einen Arzt. Zwei erboste Ärzte riefen an und meinten nur, dass wir ihren Ruf zerstört hätten, dass es so rauskäme, dass kein Weidner Arzt helfen will. Ich beruhigte die Herren und meinte, dass das Ganze von der Presse wieder ein wenig hochgespielt worden sei und sie ja nun die Ehre wieder retten könnten. Nein, konnten sie nicht, sie wollten sich nur aufregen, helfen wollten sie nicht.

Aber auch diese Hürde meisterten wir. Unmittelbar neben dem Plenarsaal haben wir unsere Typisierung vorbereitet. 157 Abgeordnete kamen, die ihrem Sepp helfen wollten. Das Presseaufkommen war auf jeden Fall sehr groß, besonders als die grüne Parteispitze zum Typisieren auflief. Radio, Fernsehen, Printmedien waren mit im Schlepptau. Sogar bei der Blutabnahme mussten die armen Politiker ein Interview geben. Eine Frage darf aber erlaubt sein: Warum wird nicht im Vorfeld schon berichtet?

Stellen wir uns mal die »Gretchenfrage«: Welche Berichterstattung bringt mehr, vor der Aktion oder nach der Aktion?

Beides wichtig, doch momentan für das Gelingen der Aktion ist sicherlich die Berichterstattung vor der Aktion wichtiger, dann wären auch mehr Leute gekommen. Aber sei`s drum, der Sepp freute sich auch über die 157 Spender.

Landesparteitag der Grünen in der Max-Reger-Halle in Weiden.

Ramona Landgraf, die 20.000. Spenderin.

Freude und Leid so nahe beisammen

Die Jahre vergingen, um Anja wurde es ruhiger. Dies lag aber mehr daran, dass man versuchte, dem Kind ein wenig Kindheit zurückzugeben und auch die Familie ein wenig aus dem Rampenlicht zu nehmen. Es ist nicht ganz einfach, egal wohin man geht, immer und immer wieder die gleiche Geschichte zu erzählen. Es sollte auch nicht unhöflich sein, aber irgendwann braucht man auch eine Auszeit.

Ein weiteres Problem in all den Jahren war, dass Matthias, Anjas Bruder, all die Jahre im Schatten seiner Schwester stand. Als Matthias älter wurde, hat er`s natürlich verstanden, aber wie erklärt man einem 5-Jährigen, warum er nichts bekommt, nicht mal beachtet wird und Anja mit Geschenken überhäuft wird? Probleme gab es natürlich auch während der Krankenhausaufenthalte von Anja. Immer ein Elternteil war weg. Mit dem Älterwerden auch kein Thema mehr, aber vorher sind solche Probleme schon

Geduldsproben für eine Familie. Aber soweit ich es aus der Ferne beurteilen kann, haben sie den Spagat ganz gut gemeistert.

Wir für uns haben beschlossen, Anja und ihre Familie ein wenig aus der Schusslinie zu nehmen. Das Schicksal machte es uns leider auch einfach. Egal ob Andrea in Pullenreuth, Mike in Iggersheim oder der kleine Louis in Pleystein, überall wurde unsere Hilfe gesucht und auch gefunden.

Es war viel zu tun, mehr, als uns eigentlich lieb war. Schließlich machten wir das Ganze ja nicht beruflich, sondern ehrenamtlich. Gerade bei mir kam es immer wieder zum Zwiespalt zwischen Ehrenamt und Arbeitgeber. Gut, ich hatte nie ein Problem und erhielt von meinem Vorgesetzten jegliche Unterstützung, aber gerade wenn man im Unternehmen in einer Schlüsselposition ist, gibt es Augenblicke, da weiß man, dass der Job absolut Vorrang hat. Hier verdient man seinen Lebensunterhalt für sich und seine Familie. Manchmal war es schwierig, beidem gerecht zu werden, aber die Priorität lag natürlich beim Job. Natürlich wollte man den vielen Patienten, die sich an jeden Strohhalm klammerten, auch gerecht werden.

6–7-Tage-Woche, 10–12 Stunden jeden Tag und dann noch »Hilfe für Anja«, Familie etc. Das Ganze ging gewaltig an die Substanz.

Dies war auch der Grund, warum wir zum 10-jährigen keine Feier machten. Sicherlich wäre es sinnvoll gewesen, aber wir hatten weder die Zeit noch die Kraft dazu, ein weiteres Mega-Event zu stemmen.

Wir mussten viel lernen in dieser Zeit, unter anderem die Tatsache, mit dem Tod umzugehen. Du wirst irgendwann damit umgehen können, aber wegstecken kannst du es nicht. Freud und Leid sind oft sehr nahe beieinander.

Andrea aus Pilgramsreuth war verstorben. Benno Schultes, der Feuerwehrvorstand, fragte mich, ob ich im Namen aller, die an der Aktion mitgewirkt hatten, eine Grabrede halten möchte. Na ja, eigentlich hat er mir die Antwort auch gleich mitgegeben: »Gell, du machst das für uns?« Da konnte ich wohl nicht nein sagen. Eine riesige Trauergemeinde, ich glaube, bald 1.000 Leute nahmen Abschied von ihr, und dann steh ich vor ihrem Grab. Mir stockte der Atem, ich brachte fast kein Wort heraus. Das sind die Momente, die du nicht haben willst, wo du dich fragst: »Warum mache ich das überhaupt!« Die Frage wurde mir dann eine Stunde später beantwortet. Nämlich auf dem Heimweg im Auto.

Mir schossen 1.000 Dinge durch den Kopf über Gott und die Welt. Meine Gedanken wurden durch das Klingeln des Handys unterbrochen. Am Telefon war eine gute Bekannte, sie war schier aus dem Häuschen; sie hatte Post bekommen, dass sie als Spenderin in Frage kommt und dass sie die ganze Welt umarmen könnte vor Glück. Mir war zwar jetzt nicht gerade nach »ganze Welt umarmen«, aber das waren wieder die Momente, in denen du die Antwort auf deine Fragen bekommst. Vor einer halben Stunde stehe ich einer riesigen Trauergemeinde gegenüber und jetzt stehe ich Freude pur gegenüber. So was muss man auch erst mal mental verarbeiten. Wie gesagt, es war nicht immer ganz einfach.

In so einer Situation brauchst du eine Familie, die hinter dir steht, die dich unterstützt und dir den Rücken freihält. Diesen glücklichen Zustand habe ich vorzuweisen.

In dieser Zeit wurde ich auch mit einigen Auszeichnungen geehrt, zum einen wählte mich die Datenbank zum »Hero des Jahres«, zum anderen erhielt ich durch unseren Landrat Simon Wittmann im Auftrag von Bundespräsident Johannes Rau die Bundesverdienstmedaille und 2008 gab es noch den Sozialpreis des Landkreises Neustadt/Waldnaab. Es ehrt einen natürlich, wenn man solche Auszeichnungen an die Brust geheftet bekommt, aber hier steht einer vorne und hamstert die Lorbeeren ein. Dahinter steht aber ein großer Apparat, der es genauso verdient hätte, da vorne zu stehen. Daher bin ich immer etwas zwiespältig, was solche Auszeichnungen anbelangt. Wäre da mal ein Preis mit 10.000 Euro dotiert gewesen, dann hätten wir wenigstens wieder typisieren können. Ich habe mich gefreut und habe die Preise stellvertretend für alle meine Mitstreiter angenommen. Es waren Auszeichnungen für alle, die »Hilfe für Anja« am Leben gehalten haben und in Zukunft auch weiter halten werden.

Nach der Bundesverdienstmedaille im Jahre 2002
erhielt ich stellvertretend für Hilfe für Anja e. V. 2008
den Sozialpreis durch Landrat Simon Wittmann.

Eine Entscheidung für neue Wege

10 Jahre ist es nun her, seitdem »Hilfe für Anja« gegründet wurde. Wie schon erwähnt, auf die große Feier haben wir verzichtet. Die Zeit reichte einfach nicht aus.

Langweilig wurde uns aber trotzdem nicht. Gertrud Pelka aus Kemnath erkrankte schwer. Ihre Schwester Maria ist sogar Mitglied bei »Hilfe für Anja«. Wir wussten, dass dies eine schwere Aufgabe war, da hierbei auch Emotionen geweckt wurden. Aber wir fanden gerade in Kemnath ein super starkes Team um Roland Sächerl und Stefan Prechtl, dass uns gar nicht mehr so bange war. Da Gertrud gebürtig aus Schlammersdorf war, planten wir zweigleisig, eine Aktion in Kemnath, eine in Kirchenthumbach.

Die Kemnather hatten natürlich viele Ideen, um an Geld zu kommen, und wenn du die zwei Chef-Party-Planer an der Angel hast, dann kann man davon ausgehen, dass das eine oder andere ausgefallene Schmankerl dabei ist.

Man organisierte eine großangelegte Tombola, so wie damals mit dem Auto, nur etwas moderner. Man verkaufte in Geschäften und in Firmen Lose zum Preis von 1 Euro. Hauptpreis war ein Kochkurs mit Alfons Schubeck und ein Skikurs mit dem mehrfachen Paralympics-Goldmedaillen-Gewinner Gerd Schönfelder aus Kulmain.

15.000 Lose wurden so unters Volk gebracht. Die Krönung war der Sklavenmarkt beim Maibaumfest. Was da geboten wurde, war schon der Hammer. Bürgermeister, Pfarrer, Polizeichef und viele mehr stellten sich zum Ersteigern zur Verfügung. Neben den »Auktionären« Sepp Teufel, Stefan Prechtl und Roland Sächerl war auch noch das Erotik-Sternchen Ninja Wagner zum Assistieren mit am Start.

 Was dann in Kemnath geschah, hatte ich so in zehn Jahren »Hilfe für Anja« noch nicht erlebt. Kemnath verfiel in einen wahren »Steigerrausch«. Der Bürgermeister ging mit 3.500 Euro über den Ladentisch, der Landrat »nur« mit 3.200 Euro. So ging es den ganzen Abend, es war der pure Wahnsinn. Am Schluss – man versicherte mir, dass dies eigentlich nicht geplant war – haben sie sich noch selber versteigert! 15.000 Euro wurde so für unsere Aktion eingespielt. Hammer, einfach nur Hammer.

Die Typisierungsaktionen kamen und liefen wie erwartet. In Kemnath typisierten wir 843 Personen und eine Woche später in Kirchenthumbach ließen sich immerhin weitere 356 Spender registrieren.

Mit einer Neuerung warteten wir auf. Ab sofort machten wir alle Typisierungsaktionen mit der Datenbank »Netzwerk Hoffnung« aus Würzburg. Bisher waren wir ja zweigleisig gefahren, was aber unserer ursprünglichen Datenbank nicht gefiel. Da wir mit »Netzwerk Hoffnung« im Würzburger Raum bereits seit acht Jahren zusammenarbeiteten, war uns eigentlich schnell klar, wer von beiden ab sofort an unserer Seite sein würde.

Da wir alle unentgeltlich arbeiten, nahmen wir uns das Recht heraus, uns genau auszusuchen, was für uns der beste Weg war. Der Faktor, nach dem Büroschluss, der schon auch mal um 21 Uhr sein kann, noch jemanden zu erreichen, war uns sehr wichtig.

»Netzwerk Hoffnung« vom Universitätsklinikum Würzburg war ab sofort unser alleiniger Partner. Es ist zwar eine kleinere Datenbank, aber sie verfolgt die gleichen Interessen und der berühmte »Wasserkopf« ist wesentlich kleiner. Startschuss war in Kemnath. Bei den Aktionen im Würzburger Raum hat Prof. Dr. Böck die Regie und wir übernehmen immer nur die Kasse. Hier in Kemnath lag die Organisation bei uns. Prof. Böck ließ es sich aber nicht nehmen, bei der ersten Aktion dabei zu sein und unsere Arbeitsweise zu sehen.

In den nächsten Monaten wurde die Würzburger Datenbank ganz schön gefordert. Betriebstypisierung beim Arbeitgeber von Herrn und Frau Pelka. Zuerst die ZF in Auerbach und dann noch bei der Regierung von Oberfranken. Regierungspräsident Herr Wilhelm Wenning höchstpersönlich übernahm die Schirmherrschaft. Bei beiden Aktionen wurden weitere 500 Personen für die weltweite Datenbank gewonnen.

Fast 2.000 Menschen ließen sich für Gertrud typisieren, aber ihr passender Spender war nicht dabei. Sie erhielt zwar noch Stammzellen von ihrer Tochter, doch am Ende gab es keine Rettung für sie. Im Februar 2011 verstarb sie an den Folgen ihrer schlimmen Krankheit.

Viele, die wir betreut haben, haben es nicht geschafft. Auf der anderen Seite stieg aber die Zahl der Transplantationen für andere Patienten. Freud und Leid liegen wirklich oft sehr eng beieinander. 80 % finden aktuell einen Spender und viele davon können auch danach wieder ein unbeschwertes Leben führen.

Im April 2011 stand mal wieder die Gewerbeschau PEGA auf dem Programm. Dieses Mal sollte sie in Grafenwöhr sein. Nach einigem Zögern entschlossen wir uns dann doch, daran teilzunehmen. In diesem Jahr verzichtete man auf Zelte und nutzte die

Schulen, Jugendzentrum und die Stadthalle. Uns wurde in der Volksschule das Foyer zugewiesen. Perfekt! Anfangs fehlte mir die Idee, was wir an den drei Tagen bieten konnten, aber dann ratterte der Kopf.

Wir machten drei Tage lang eine Typisierung, boten Information und bauten eine Showbühne auf. Auf der Showbühne trat zum einen die Kindertanzgruppe aus Kirchenthumbach auf. Vier junge Leute boten ihre Gesangskünste an und das Highlight war eine Modenschau. Models stellten wir dieses Mal selber. Junge Damen und Herren aus unserem Bekanntenkreis. Anfangs etwas schüchtern, aber je mehr Auftritte es gab, umso lockerer wurden sie alle. Da am Freitag und Samstag sowieso nicht so viel los war, fiel die Nervosität gar nicht auf. Und als am Sonntag vor der Bühne kein Durchkommen mehr war, da waren sie schon Profi genug und die Nervosität war wie weggeblasen. Das Intro war genial, die Mädels und Jungs schwebten die Treppe runter, posten auf der Showbühne und verschwanden wieder elegant über die Treppe. Wir ließen die jungen Leute selber ihre Phantasien mit einbringen. Ich persönlich empfand es als eine gelungene Veranstaltung. Wer braucht da schon eine Heidi Klum oder wie sie alle heißen?

Solche Veranstaltungen bringen finanziell eigentlich wenig und auch die Typisierungswilligen hielten sich in Grenzen, aber man muss präsent sein. In Vergessenheit gerät man leider immer sehr schnell.

Bernhard Flohr, der 30.000. Spender von »Hilfe für Anja e. V.«

Unsere Models.

Anja wird fündig in der weltweiten Datenbank

2011 begann mit dem Tod von Gertrud Pelka schon mit einer schlechten Nachricht. 2011 stand aber anfangs auch für Anja in keinem guten Licht. Ihre Schübe häuften sich wieder und die Intensität war auch immer stärker, so dass die Ärzte unmissverständlich klarmachten, dass es jetzt endgültig keinen anderen Weg mehr gab und die Transplantation durchgeführt werden musste. Wenn nur das leidige Thema mit dem passenden Spender nicht wäre. Es ging also los; man suchte und suchte und nach geraumer Zeit wurde man sogar fündig. Wow, die Nadel im Heuhaufen war tatsächlich da! In der portugiesischen Datenbank wurde man fündig. Am 3. November 2011 konnten wir die frohe Botschaft auf unserer Homepage verkünden.

Anfangs interessierte sich keiner dafür. Bei einer Spendenübergabe in Eschenbach hat meine Frau Christine es nochmals in einem beiläufigen Satz erwähnt, dass mittlerweile ein Spender gefunden wurde. Es regte sich nicht viel. Erst einer Redakteurin bei der Tageszeitung wurde bewusst, dass diese Meldung mehr als einen »Einzeiler« verdient hatte.

Am Tag des Erscheinens stand das Telefon nicht mehr still. Jeder freute sich mit uns. Dürfen wir uns wirklich freuen? Ich hatte gemischte Gefühle. Auf der einen Seite unvorstellbare Freude, auf der anderen Seite hatte ich Angst. Wie viele Menschen haben wir betreut, wie viele haben es nicht geschafft! Die andere Seite, viele von denen, die wir aufgenommen haben und die am Ende auch gespendet haben, haben es geschafft. Z. B. Christiane aus Tremmersdorf hat für einen kleinen Jungen in Amerika gespendet. Mittlerweile hat sie regen Kontakt zu den Eltern. Der Junge hätte keine Überlebenschance gehabt, aber dank Christiane darf er leben. Für so etwas kann »Hilfe für Anja« fast 300 Beispiele liefern. 300-mal hat jemand mittlerweile schon Stammzellen ge-spendet, 300-mal Leben geschenkt, das vielleicht ohne uns nicht gerettet worden wäre. Nicht jeder dieser 300 hat es am Ende ge-schafft, aber viele von ihnen.

Und nun ist es endlich für Anja so weit. Bei unseren ersten Akti-onen haben wir immer wieder nachgehakt, ob der Spender für Anja dabei ist. Dies machten wir schon lange nicht mehr. Kann auch daran liegen, dass Anja zwar der Aufhänger des Vereins war, es aber speziell nicht mehr nur um Anja ging, sondern wir mittlerweile, wenn kein spezieller Fall vorlag, allgemein suchten und nicht mehr Anja in den Vordergrund rückten.

Da »Hilfe für Anja« aus der Fanszene des 1. FC Nürnberg ent-standen war, haben es sich die Fans nicht nehmen lassen, zwei Tage vor Anjas Abreise nach Hamburg einen Gruß zu ihr zu sen-den. Auf riesigen Transparenten war zu lesen: »Viel Glück, Anja – du schaffst es!«, kam aus dem Block der Ultras Nürnberg, und auf dem Oberrang wurde zeitgleich »In Gedanken bei dir – kämp-fe, Anja!« angezeigt.

Da wir die Fotografen im ganzen Stadion versteckt hatten, bekam Anja binnen weniger Sekunden, unmittelbar nach der Aktion, sofort die Bilder via Internet. Ich glaube, hier haben wir die eine oder andere Glücksträne verursacht und das nicht nur bei Anja.

Das leidige Thema mit einigen Medienvertretern blieb weiterhin bestehen. Hier soll aber keine pauschale Verurteilung der Presse geschehen, da vieles für uns auch sehr unterstützend war.

Aber leider begnügten sich einige nicht damit, mit uns zu reden, nein, sie wollten Anja. Erklärungen unsererseits, dass Anja auf die schwere Transplantation vorbereitet wird, wurden völlig igno-riert. »Wir möchten doch nur kurz.« Ich glaube, 20 Anfragen erhielten wir. Printmedien, Radio und auch Fernsehen. Ich blieb hart. Anja hatte quasi ihren eigenen Manager, was nicht jede 15-Jährige von sich behaupten kann. Dies war nicht immer ganz einfach. Ich wurde sogar in der Arbeit aus wichtigen Meetings geholt, hab schnell in der Mittagspause ein kurzes Radiointerview gegeben oder wurde während der Fahrt zu einem Kunden angerufen. Viele verzichteten aber auch darauf, als sie merkten, dass sie Anja nicht persönlich bekamen. Auch bei Anjas Eltern versuchten sie es. Die Hemmschwelle war bei einigen schon ziemlich niedrig.

Anja am Ziel angekommen – Die Transplantation

Ich machte zehn Kreuze, als Anja endlich Richtung Uniklinikum Eppendorf (Hamburg) unterwegs war. Endlich war sie aus der Schusslinie. Ich hätte nicht gedacht, dass Leute richtig penetrant werden, um ihre Story zu bekommen.

Nun hatte »unsere« kleine Anja, die ja mittlerweile schon eine junge fesche Dame geworden ist, ihren Spender gefunden. Ein Portugiese, 29 Jahre. Unsere Angst, Anja ganz zu verlieren, wich immer mehr der Freude, dass sie endlich ihre Chance bekam, ein ganz normales Leben führen zu können. Das Leben, das sie in all den Jahren nicht hatte, da ihres geprägt war von Krankheit, Krankenhaus und Schmerzen. Wir sahen es als eine Riesenchance auf ein neues Leben.

Die Ärzte drängten auf einen Transplantationstermin, der 10. Dezember stand auf dem Plan. Wir waren erschrocken: Doch schon so bald. Ich denke, auch Anjas Eltern waren etwas verwundert, aber die Ärzte meinten, worauf sie warten sollten. Wie wahr – worauf auch? Also so schnell wie möglich über die Bühne bringen.

Anja war nun in Hamburg und die Presse hatte sich auch wieder beruhigt. Bis auf einen Schreiberling, der sogar in Hamburg im UKE angerufen hat und Infos wollte. Aber zum Glück gibt es in Deutschland ein Arztgeheimnis und so drang nichts nach außen. Dann stellte sich heraus, dass von Seiten des Spenders, der ja anonym bleiben muss, der Termin nicht gehalten werden konnte. Ich war anfangs schockiert: »Kneift der jetzt noch, oder was ist hier los!« Nein, anscheinend hatte er persönliche Gründe. Als neuer Termin wurde der 20. Dezember genannt.

An diesem Tag waren wir alle zu nichts zu gebrauchen. Am Abend stand in Nürnberg das DFB-Pokalspiel zwischen dem Glubb und den Nachbarn aus Fürth auf dem Plan. Um etwas abgelenkt zu sein, gingen wir wie gewohnt ins Stadion. Das Spiel endete 0:1 und die Fürther fuhren mit drei Punkten nach Hause, aber wir, die wir wussten, dass es heute viel Wichtigeres gibt, sahen es sportlich. Hauptsache, Anja gewann heute Abend ihr Spiel.

Immer wieder versuchten wir, Kontakt zu Anjas Mama aufzubauen, aber wir hörten nur, die Zellen sind noch nicht da. Ich checkte im Netz die ganzen Flugverbindungen zwischen Lissabon und Hamburg, aber ich sah keine Verspätung. Ich telefonierte mit Lisa. Diese war wiederum via Skype mit Hamburg, mit Anja und Reinhard verbunden. Ich sah im Netz, dass in Hamburg gegen 23.30 Uhr noch eine Maschine aus Lissabon ankommen wird. Reinhard fragte in der Klinik nach, aber es konnte ihm keiner eine Auskunft geben. Kurz vor Mitternacht kam die Info, dass das Knochenmark in Hamburg gelandet und auf dem Weg in die Klinik ist. Hoffentlich ginge jetzt alles gut, die wildesten Gedanken gehen einem durch den Kopf, aber ich durfte mir natürlich nichts anmerken lassen, schließlich konnte Lisa jetzt nicht auch noch einen hibbeligen Vereinsvorsitzenden gebrauchen.

Nach Mitternacht kam die Info, dass das Knochenmark im Zimmer ist und zur Transplantation vorbereitet wird. Wir schreiben den 21. Dezember 2011; um 0.27 Uhr lief der erste Tropfen in Anjas Körper. Eine völlig unspektakuläre Sache, aber doch ein emotionaler Höhepunkt. Wie viel Zeit musste vergehen, bis es zu diesem Moment gekommen ist! Wir sprechen hier von der Diagnose bis zur Transplantation, von fast 13 (!) Jahren - 13 Jahre Hoffen und Bangen!

In dieser Nacht wurde ich zum ersten Mal gefragt, ob sich jetzt der Verein »Hilfe für Anja« auflöse, da der Auftrag ja quasi erfüllt sei. Ehrlich gesagt, darüber hatten wir noch gar nicht gesprochen. Warum auch, es gab ja keinen Grund aufzuhören. Anja hatte ihren Spender, aber es gab doch auch noch viele andere, die dieses Glück noch nicht hatten. Aber in dieser Nacht machten wir uns über so was keine Gedanken.

Gegen 2.30 Uhr, ich hatte noch meinen Laptop an, klopfte plötzlich jemand via Skype an. Anjas Vater Reinhard! Ich war jetzt live mit Hamburg verbunden und bekam anfangs keinen Ton raus. Ich hatte Gänsehaut und Freudentränen zugleich. Dass ich in diesem wichtigen Augenblick ein paar Minuten Zeitzeuge werden durfte, bedeutete mir sehr viel. Ich konnte ein paar Worte mit Anja sprechen, aber ließ sie gleich wieder in Ruhe und sprach mit Reinhard noch ein wenig.

Am nächsten Morgen war wieder Arbeit angesagt. Es war eine sehr kurze Nacht, aber gut – hilft ja nichts. Immer wieder fragte ich nach, aber in Hamburg lief glücklicherweise alles nach Plan.

Was in der folgenden Nacht geschah, hätte kein Regisseur besser inszenieren können.

Zeitgleich in der 15. Spielminute wurde ein Gruß aus Block 4 und Block 9/11 zu Anja geschickt!

Wir schicken einen Gruß nach Hamburg in die Intensivstation.

Mysteriöse E-Mails

21. Dezember 2011: Anjas neuer Lebenssaft Teil 1 wurde ihr in der Nacht verabreicht. Teil 2 bekam sie im Laufe des Vormittags. Nun galt es, zu warten, bis der Teck vollzogen ist, das heißt, bis die Leukozyten sich vermehren und die Stammzellen von selber wieder produzieren. Dies dauert in der Regel zwischen 12 und 20 Tage. Anja lag in der KMT total isoliert, da sie momentan keine Abwehrkräfte hatte, da ihr Körper auf null gefahren wurde, das heißt, mittels Chemotherapie wurden ihre kranken Stammzellen zerstört. Ihr Immunsystem war außer Betrieb gesetzt. Sie musste in dieser Phase völlig isoliert von der Außenwelt sein.

Während des Tages waren wir immer wieder mal mit Lisa in Kontakt und es gab keine nennenswerten Zwischenfälle. Anja ging es so weit gut bis auf die üblichen Symptome wie Übelkeit, Schüttelfrost oder Durchfall.

Abends plötzlich blinkte mein Handy und ich sah, dass ich eine E-Mail bekommen hatte. Der Betreff machte mich neugierig:

Ich las:

Frage (Anja)

Hallo, ist es möglich die E-Mail von Anja oder Anja Familie haben? Es ist sehr wichtig für mich.

Mit freundlichen Grüßen
Henrique Miranda

Ich musste lachen: »Was ist denn das wieder für ein Spinner!« In den elf Jahren von »Hilfe für Anja« hatten wir so einiges erlebt;

Leute, die sie mit Handauflegen heilen wollten oder ihr einen spirituellen Impuls geben, damit die Krankheit sich nicht mehr wohl fühlt. So manches Kopfschütteln hat es ausgelöst.

Ich antwortete ihm, dass wir die E-Mail-Adresse nicht rausgeben, er aber gerne seine Fragen an mich richten könne. Ich würde diese mit Anjas Eltern besprechen.

Es dauerte nicht lange und diese Person schrieb wieder zurück, wie wichtig es für ihn sei, Anjas Eltern zu sprechen. Er wolle gerne Anjas Brief beantworten. Und er fragte noch, wie sie so sei.

Mittlerweile war es für mich schwierig, sein Google-Deutsch zu verstehen, und ich wechselte auf Englisch. Mal schauen, was passiert?!

Ich fragte, ob er einen Brief schreiben will oder ob er einen bekommen hat und was er genau von Anjas Eltern wollte.

Es kam postwendend wieder eine Mail zurück und er erzählte mir, dass er ein Geschenk mit einem Brief von Anja erhalten hatte, das Anja von Deutschland nach Portugal geschickt hatte. Er bat mich nochmals, die Mailadresse weiterzugeben.

Langsam dämmerte mir, wer da auf der anderen Seite der Leitung war, aber ich brauchte Gewissheit. Ich wusste, dass Anja dem Kurier ein Päckchen und einen Brief mitgegeben hatte. Diesen Brief hatte sie sogar auf Portugiesisch übersetzen lassen. Die Mutter eines Klassenkameraden von Anjas Bruder war Brasilianerin. Sie war so freundlich und hatte den Brief übersetzt.

Um 22.43 Uhr wurde ich direkter, ich fragte ihn, woher er komme und was er gestern gemacht hatte!

22.59 Uhr Antwort aus Portugal:
»Ich glaube, du realisierst jetzt, wer ich bin. Meine Frau und ich, wir weinten wie ein Baby, als wir Anjas Brief lasen. Es ist für mich eine große Ehre gewesen, als Helfer zur Verfügung zu stehen. Bitte richte ihr aus, dass ich sehr stolz auf sie bin und dass sie schnell wieder gesund werden soll.«

Ich war in der Zwickmühle. Wie verfahre ich weiter? War das der Lebensretter von Anja oder hatte sich da einer eine Geschichte zusammengereimt? Das Internet machte ja bekanntlich alles möglich.

Das war zu viel für mich, ich brauchte Rat. Lisa anrufen, es war 23 Uhr vorbei, ging nicht, und andere Sorgen hatte sie momentan auch. Ich rief Christine und erzählte ihr von dem E-Mail-Verkehr, der in den letzten Stunden stattgefunden hatte, hier war guter Rat teuer. Ich rief auch noch Daniela, eine gute Freundin und »Hilfe für Anja«-Mitglied, an, sie wollte gerade ins Bett gehen.
Ich erklärte ihr, was sich bisher zugetragen hatte.

Dann schrieb ich Henrique, dass ich mehr Details brauchte. Was stand in dem Brief, welches Geschenk hatte er bekommen und was hatte er gestern gemacht, wie war sein Tag abgelaufen?

23.47 Uhr: Henrique schickte mir eine Erklärung des gestrigen Tages: Um 7 Uhr war er in die Onkologische Klinik in Lissabon gegangen, um 11.30 war er operiert worden und heute früh hatte er um 11 Uhr die Klinik wieder verlassen dürfen. Er schickte mir ein Bild, auf dem Anjas Brief und die Geschenkbox zu sehen waren, und wenn man sie öffnete, dann erklang »The Wonder of Christmas Time« von Jeannie Sheffield.
Das alles hatte ich schon mal gesehen, auf dem Küchentisch von Lisa und Reinhard. Mir lief es eiskalt den Rücken hinunter. Ich war fix und fertig. Christine und Daniela konnten nicht glauben,

was ich ihnen hier erzählte. Christine konnte es sogar lesen, aber verstehen, das war schwer.

Um 0.11 Uhr am 22. Dezember habe ich mich erstmals hochoffiziell bei ihm bedankt für seine Hilfe und ihm mitgeteilt, dass ich gerührt bin und momentan sprachlos. Ich erklärte ihm aber auch, dass in Deutschland zwei Jahre kein Kontakt zwischen Spender und Patienten bestehen darf. Schließlich wusste ich ja nicht, was Henrique wirklich im Schilde führte. Keiner weiß, ob Anja eventuell nochmals Stammzellen brauchen würde, und dann könnte ja erst mal eine Geldforderung kommen. War alles schon mal da, wäre nicht das erste Mal. Weiter erklärte ich ihm, dass wir in Kontakt bleiben würden.

Es war für mich eindeutig, am anderen Ende der Leitung war ANJAS LEBENSRETTER. Wie sollte ich jetzt damit umgehen? Ich wollte es in die Welt hinausrufen, aber mir war klar, mit dieser Information musste ich erst einmal behutsam umgehen. Kühlen Kopf bewahren, was nicht immer ganz so einfach war. Irgendwann, ich glaube, der Schneepflug fuhr schon und der kommt immer so gegen 4.30 Uhr, schlief ich dann ein.

Zum Glück war bald Weihnachten. Das, was ich in den letzten beiden Nächten durchlebt hatte, musste man erst mal verarbeiten und vor allem im Büro seine Leistung bringen. Von der ersten Nacht konnte ich ja jedem erzählen. Über die zweite musste erst mal der Mantel des Schweigens gehüllt werden. Es durfte kein Sterbenswörtchen an die Öffentlichkeit gelangen. Ein falsches Wort und die Medien-Welle würde wieder von vorne losgehen. Wie gesagt, ich kannte das Gegenüber erst seit ein paar Stunden und wusste noch gar nichts über ihn.

Was war, wenn sich der Typ das Päckchen unter den Nagel gerissen hatte und es gar nicht der Spender war? Oder er vielleicht Geld wollte?

Ich rief Professor Dr. Böck an, ich brauchte seinen Rat. Der war schier sprachlos – gut, wer war das nicht! Er erklärte mir, dass dies, wenn es rauskäme, momentan nicht gut für Anja und auch die Eltern wäre. Außerdem könnte dies auch für gewisse Personen Folgen haben, die vielleicht vergessen hatten, Anjas Namen abzudecken. Wir waren uns beide einig, dass wir Lisa und Reinhard mit dieser Neuigkeit nicht konfrontieren sollten. Ihre Sorgen waren momentan zu groß, um mit so etwas umgehen zu können.

Noch im Büro sah ich, dass mein »neuer portugiesischer Freund« wieder geschrieben hatte. Ich erzählte ihm aus meinem Leben und schickte ihm ein Bild von uns. Darauf erzählte er aus seinem Leben; dass er vor einem Jahr seine Frau Liliana geheiratet hatte, dass er als Straßenbauingenieur arbeitete und nebenbei noch auf der Uni war. Kinder hatten sie noch nicht und am 7. 12. 2011 wurde er 30 Jahre alt. Aha, jetzt wusste ich auch, warum die Transplantation am 10. Dezember verschoben worden war. Er wollte seinen Geburtstag feiern und damit es keine Party mit Wasser und Apfelsaft würde, hatte die Klinik den Termin um zehn Tage verschoben.

Mittlerweile musste ich ein falsches Spiel spielen, denn Anja und ihre Familie durften nicht erfahren, was ich wusste. Daher haben wir auch nur ganz wenige Leute eingeweiht.

Weihnachten stand vor der Tür. Nach all dem Trubel der letzten Tage hatten wir die Ruhe und Entspannung bitter nötig.

Henrique Miranda und Liliana Dias aus Villa Franca, Portugal.

Henrique schickte dieses Foto. Diese Sachen habe ich auch schon auf einem anderen Küchentisch gesehen.

Der Kampf um Leben und Tod

Auch über Weihnachten war ich mit Henrique immer wieder in Kontakt. Wir tauschten Infos aus, erzählten ein wenig von unseren Familien und Freunden, Beruf und Hobbys.

Ich hielt ihn auf dem Laufenden über Anja, wir sprachen über Gott und die Welt, über das Wetter und auch über Fußball.

Irgendwann nach Weihnachten musste ich ihm die Frage stellen, wo er die letzten zwölf, 13 Jahre gewesen war. Er wusste nicht mehr genau, wann er sich in die weltweite Datenbank hatte aufnehmen lassen, er denke, so um 2005 oder 2006. Das war dann wohl die Zeit, in der der Suchlauf runtergefahren wurde.

Ich war eigentlich immer noch sprachlos, sagte ihm, wie verrückt das Ganze sei. Wir hatten ihn 13 Jahre gesucht und er hatte uns in 13 Stunden gefunden. Er erzählte mir nochmals ausführlich, welche Mühen er investiert hatte, zusammen mit seiner Frau Liliana, um Anja zu finden. Sie dachten am Anfang gar nicht daran, etwas zu finden. Als sie dann aber auf einen Zeitungsbericht stießen, wurde die Sache richtig interessant. Eigentlich verstanden sie kein Wort Deutsch, aber sie stöberten durch den Bericht. Das Einzige, was sie lesen konnten, war der Name »Anja, Portugal, portugiesisch und 29«, und sie zogen die Schlussfolgerung, es könne sich nur um ihn handeln. Als er über den Bericht auf unsere Homepage gekommen war, fand er auch meine E-Mail-Adresse. Und so kamen wir zusammen.

Wir bauten Vertrauen auf. Trotzdem musste ich vorsichtig sein, schließlich kannte ich ihn erst ein paar Tage, und trotz vertrauter Infos, die er mir gab, war es immer noch ein Fremder, und keiner wusste, ob er nicht noch mal als Spender bei Anja ranmüsste.

Wir hatten auch zu Lisa, Anja, Matthias und Reinhard Kontakt, aber mittlerweile war es schwieriger, da die ganze Familie Weihnachten in Hamburg verbrachte. Da war der Kontakt nicht immer ideal. Was für mich manchmal auch ganz o. k. war. Gab es wenigstens keine Möglichkeit, dass ich mich verplapperte. »Ja, Lisa, mich hätte es bald zerrissen, ich wollte es dir sagen, aber ich durfte nicht.«

Eigentlich jeden zweiten Tag habe ich versucht, Informationen aus Hamburg zu bekommen, die ich natürlich postwendend auch nach Villa Franca (circa 30 km neben Lissabon) weiterleitete.

Henrique und ich knobelten mittlerweile am nächsten Coup. Er sollte doch auf den Brief von Anja antworten. Über gewisse Kanäle hatte ich herausgefunden, wie man das am besten macht. Ja, Lisa hatte mir da auch unbewusst geholfen. Henrique schrieb einen Brief, wir einigten uns darauf, dass er ihn in Englisch schreiben würde. Er sandte ihn mir zu und ich teilte ihm mit, was er nicht schreiben durfte und was noch mit rein könnte. Bei solchen Briefen musste man nämlich aufpassen, dass man nicht zu viel Privates von sich erzählte, sonst würde er am Ende gar nicht weitergeleitet.

Er änderte es ab und gab den Brief an die Datenbank in Lissabon weiter, mit der Bitte, ihn an Anja weiterzugeben. Er musste noch ein paar Korrekturen vornehmen und dann ging der Brief in Richtung Hamburg. Es sollte für mich auch der absolute Beweis sein, dass Henrique der war, für den er sich ausgab. Sollte der Brief, den ich per Mail von ihm erhalten hatte, auch in Hamburg ankommen, dann sollte es die 1000 %-Gewissheit sein, dass alles in Ordnung war.

Mittlerweile kam der Jahreswechsel, wir schrieben den 30. Dezember. Reinhard hatte Geburtstag. Den ganzen Tag versuchte ich jemanden in Hamburg zu erreichen. Skype war aus, Anjas und Lisas Telefon war aus. Matthias` Nummer hatten wir nicht. Ich war verunsichert. Irgendwas stimmte hier nicht. Ich schrieb eine SMS, gratulierte und fragte, ob alles in Ordnung sei. Keine Antwort bis gegen 19 Uhr.

Was ich dann zu hören bekam, zog mir fast den Boden unter den Füßen weg.

Anja wäre heute früh fast gestorben. Sechs Ärzte kämpften um das Leben des jungen Mädchens; sie wurde intubiert, musste aus der sterilen KMT raus und lag jetzt auf der Intensivstation im künstlichen Koma. Ich musste Lisa versprechen, mit keinem darüber zu reden. Unser Haus war voll mit Gästen und ich sollte mich hinsetzen und weiter lachen, und 600 km weiter kämpfte Anja um ihr Leben. Nein, das war zu viel für mich. Just in diesem Augenblick bekam ich wieder eine Mail vom gut gelaunten Henrique aus Villa Franca. Eine Antwort bekam er an diesem Tag nicht mehr. Was sollte ich ihm schreiben? Die Wahrheit? Nein, dafür kannten wir uns zu wenig.

Das Abendessen war gerade vorüber und der Verdauungsschnaps stand auf dem Programm. Ich habe mir gleich mal ein größeres Glas genommen und mir einen dreifachen eingeschenkt. Der Gemütszustand war danach der gleiche, aber man redet sich ja bekanntlich ein, dass ein Schnaps immer mal hilft. Christine merkte bald, dass irgendwas nicht stimmte. Ich mag meine Freunde sehr und freue mich immer riesig, wenn sie kommen und wir zusammensitzen, aber an diesem Abend war ich froh, als das Haus wieder leer war! Auch diese Nacht war wieder schlaflos. Was genau in Hamburg passiert war, wusste ich noch nicht.

Silvester 2011 – Endlich erreichten wir Lisa. Anja lag noch immer im Koma. Was war geschehen? Lisa teilte mir mit, dass eine

Ärztin habe die Tamponade in Anjas Nase wechseln wollen, die sie gegen Nasenbluten in sich hatte. Dabei sei wohl eine Ader verletzt worden und das Blut lief wie ein Wasserfall aus Anjas Nase. Klar, in dieser Situation hatte sie keine Blutgerinnung. Anja drohte zu verbluten. Die Ärzte redeten auf sie ein, sie dürfe auf keinen Fall schlucken. Auf keinen Fall schlucken, betonte die Ärzte nochmals, da das Blut ja auch in den Rachen lief. Aber in all der Panik, ein Reflex und Anja schluckte das Blut nach unten. Sofort machte ihre Lunge dicht und sie drohte nun zu ersticken. Sie kämpfte um ihr Leben. Ein Arzt nach dem anderen stürmte in den Raum, die Sterilität des Raumes war aufgehoben. Aber das war zu diesem Zeitpunkt zweitrangig, jetzt zählte jede Sekunde.

Anja wurde an Ort und Stelle ins Koma gelegt und intubiert und musste sofort auf die Intensivstation. Was das hieß in dieser Phase, in der sie absolut keine Abwehr hatte und jede Kleinigkeit zur Katastrophe führen konnte, brauche ich hier wohl nicht zu erwähnen. Aber den Ärzten blieb keine andere Wahl, sonst wäre Anja ihnen unter den Händen gestorben.

Wir redeten lange, aber diese Meldung saß, welch ein Drama! Aktuell ging es Anja den Umständen entsprechend gut. Sie schlief friedlich vor sich hin.

Ach ja, heute war Silvester, aber nach Silvester-Party war mir heute gar nicht, meine Gedanken waren in Hamburg!

Das Leben mit zwei Gesichtern

Ein neues Jahr, hoffentlich ein besseres als das alte. Aus Hamburg nichts Neues! Ganz spontan drehten wir am Neujahrstag ein Video. Wir spielten »You`ll never walk alone« – Du wirst nicht alleine gehen, rollten unser Banner vom Stadion aus und untermauerten das Ganze mit vier bengalischen Lichtern. Dieses

Video schickten wir nach Hamburg. Matthias, Anjas Bruder, marschierte gleich in die Intensivstation und spielte es Anja vor. Auch wenn sie schlief, ich glaube, sie spürte, dass sie diesen Kampf nicht alleine führen musste, dass viele, ob Familie, Freunde oder auch Bekannte, an ihrer Seite standen.

An die Presse gaben wir auf Nachfragen nur gefilterte Infos heraus. Keiner sollte aktuell erfahren, welch ein Drama sich in Hamburg abgespielt hatte.

Nach dem dritten Tag hat man versucht, Anja wieder aus dem Koma zurückzuholen. Dies dauerte natürlich eine gewisse Zeit. Ob sie irgendwelche Schäden davongetragen hatte, wusste man zu diesem Zeitpunkt noch nicht.

Als Anja nach dem 4. Tag vollständig wach war, konnten wir uns mal anderen Dingen widmen. DER BRIEF, ja, der sollte doch auch schon in Hamburg sein. Immer wieder versuchte ich, aus Lisa rauszukitzeln, ob sie denn vom Spender schon mal was gehört hatte. Nein, nichts, was sie auch ein wenig schade fand. Ich fragte Henrique, ob er sicher sei, dass der Brief nach Hamburg ging. Er ließ sich das bei seiner Datenbank nochmals bestätigen. Musste ich Zweifel haben an der Glaubwürdigkeit von Henrique?

Es verging Tag um Tag, aber von einem Brief erzählte mir Lisa nichts. Merkwürdig!

Die Vereinsarbeit musste auch weitergehen, viele Spendenübergaben und dabei wollten alle wissen, wie es um Anja stand. Wir durften natürlich auch hier nur die gefilterte Wahrheit erzählen. Wir logen aber nicht. Wir sagten immer, dass es ein schwerer Weg sei und dass dieser sehr steinig sei. Die Menschen sollten beten, das sei das Einzige, was wir momentan tun könnten. Wir waren auch schon wieder mitten in der Planung einer weiteren

Typisierung in Königstein. So was lenkte mich ein wenig ab. Und der Brief lag mir auch im Magen. Wo war er?

Irgendwann fast zehn Tage später meldete sich Lisa ganz erfreut, dass Anja die Intensiv verlassen darf und dass sie von Mister H. aus Portugal einen Brief erhalten hat. Mir fiel ein ganzes Gebirge vom Herzen. Wo war der so lange? Der Brief war bereits am 31. Dezember in Hamburg und wurde sofort in Anjas Zimmer gelegt, aber Anja lag ja auf Intensiv. Erst viele Tage später, als sie das Zimmer endgültig räumen mussten, haben sie den Brief gesehen. Na toll, da habt ihr mich ganz schön auf die Folter gespannt!

Ganz aufgeregt erzählte mir Lisa von dem Brief und dem Inhalt. Am liebsten hätte ich ihr gesagt, dass ich den Inhalt kenne. Aber ich durfte ja nicht.

Mitte Januar habe ich dann Anja in Hamburg zum ersten Mal besucht. Es war mir sehr wichtig, diesen Besuch zu machen. Samstag früh fuhren wir los. Papa Reinhard, der zwischendurch wieder nach Hause gefahren war, habe ich mit nach Hamburg genommen und Lisa habe ich am Sonntag mit zurück genommen.

Als ich Anja sah, blutete mir das Herz. Was muss ein Mensch alles ertragen, um leben zu dürfen! Monate später tätigte sie vor einem Reporter mal die Aussage: »Hätte ich gewusst, was auf mich zukommt, wäre ich lieber gestorben!« Das sagt eine 16-Jährige!

Bei diesem Besuch lernte ich erstmals das Ronald McDonald Haus in Hamburg Eppendorf kennen. Eine sinnvolle Einrichtung für Eltern, die ihren Kindern nahe sein wollen, wenn längere Aufenthalte in der Klinik nötig sind. Man lernt viele Leute und auch viele Schicksale kennen. Ich glaube, man sieht die Krankheit des eigenen Kindes auch ein wenig anders, wenn man von lauter schlimmen Schicksalen umringt ist. Man leidet miteinander und man tröstet sich untereinander. Leider wird man auch intensiver mit dem Tod konfrontiert, da die Leute oft Monate zusammenleben und alles hautnah miterleben. Trotzdem ist diese Einrichtung eine richtig tolle Sache.

Voller Stolz zeigte mir Lisa den Brief von Henrique, der als Fax geschickt worden war. Ohne dass ich meinen Kopf einschaltete, schoss es aus mir raus: »Der sieht aber in Farbe viel schöner aus …!« Ich bemerkte meinen Lapsus und fügte noch leise hinzu: »Glaube ich, so mit dem Wasser und Strand!« Mir stockte der Atem, aber Lisa ging erst mal gar nicht darauf ein. Gott sei Dank, aber das Original sah wirklich besser aus (lach).

Anja ging es von Tag zu Tag besser, aber die Zellen wollten noch nicht so richtig wachsen. Geduld war gefragt, eine Tugend, die mir nicht angeboren wurde. Und dann plötzlich ging alles ganz schnell, die Zellen schossen auf 1.000 Leukozyten und Anja musste das Zimmer räumen, da dieses benötigt wurde. Sie durfte aber nicht heim, sondern musste noch vier Wochen im Ronald Mc Donald Haus bleiben und regelmäßig in die Klinik zur Untersuchung kommen.

Ende Januar fuhr ich nochmal nach Hamburg, um Anja zu besuchen. Sie sah richtig gut aus im Gegensatz zum ersten Besuch. Da war mir klar, sie hatte einen ganz großen Kampf schon gewonnen.

Manchmal ein sehr blödes Gefühl: Ich saß Anja oder Lisa gegenüber und es kam plötzlich eine SMS von Henrique. Im Nachhinein betrachtet, hätte man das Ganze vielleicht doch nicht so geheim machen müssen. Die Frage war nur, hätten die vier in dieser Phase mit dem Spender Henrique umgehen können? Was wäre, wenn er mit Anja schon in Kontakt wäre, wäre es besser?

Ich folgte meinem Gefühl, das sagte, der Zeitpunkt war noch nicht der richtige.

Bei Anja war es in den nächsten Monaten ein Auf und Ab. Es gab auch Zeiten, da überlegte man, ob man nochmals Zellen nachschieben sollte. Vorsichtshalber hatte ich Henrique schon mal gesagt, er möge doch keine längeren Auslandsaufenthalte machen, er würde vielleicht nochmals gebraucht. Der Arme wollte gar nicht mehr aus dem Haus gehen.

Unser Vereinsleben blieb aber mit der Transplantation von Anja nicht stehen. Im Hintergrund wurden schon wieder die Fäden für Aktionen gezogen.

Viele junge Leute engagieren sich für »Hilfe für Anja«

Hallo my Christmas Gift or should I say Olá Anja.

You said, you would like to have an answer to your letter, I would never let you down, so where I am writing to you.

Sincerely, thanks for your gift. I wasn't expecting to receive anything, but your letter was the most beautiful present that I ever received in my life. Your story of live shows me that you are a truly "fighter", I know that your family is very proud of you like I am. It's a great honour for me to make part of your life story. I know that you received my cells, I wish you are staying ok, and I pray for you to get better fast, and after all, you are my "genetic soul mate"!! :-)

You said that you would like to know how I am personally, I hope one day be possible, but for now, let me speak a little bit about me, and how I received the notice that I was compatible with a girl:

I made 30 years old in December. I'm married for about 1 year, and have no child. I'm a Civil Engineer, and Assistant Professor in a University.

In the first phone contact that I received, the person told me that they found that I was compatible with a person, and if I were available to collect blood. I was very happy so I immediately said YES.

Then, after about a month I received another call, saying that they would like that I should do a new collect of blood, and I said YES again.

After some weeks, I received another call saying, that I was truly compatible, and if I were prepared to donate my cells and once again I didn't think twice, YES was my answer.

About 1or to 2 weeks after, they phone me again, and told me that the patient doctor said that, would be better to collect the cells directly in the bone. I had thought in collecting the cells through blood, but without turning off the phone, once again, without thinking twice, I said YES, let's do it. The person in the other side of the phone asked me again, "Are you sure?" and I said YES. She was very, very happy, and I also felt a unique happiness.

In the, 20th December, I enter in the hospital and the magic started. That magic is now in you. That magic I call the magic of helping someone without wanting something in return, that is the magic of love. So Anja, I said always YES, I want you to do the same, say always YES to life, and enjoy it!! :-)

In my backs, I only see small holes, and I almost don't feel pain, just knowing that I helped you, makes the pains go away, I hope this letter do the same to you.

I hope you have a Wonderful New Year of 2012!

Henrique

Der Brief von Henrique, auf dessen Eintreffen in Hamburg wir so lange warteten!

Auch 2012 wieder mal Höhen und Tiefen

Die Typisierung in Königstein bei unseren Glubbfreunden verlief ohne Probleme und brachte weitere 140 meist junge Leute in die Datenbank.

Als hätte man in diesem Jahr nicht schon genug erlebt, es muss immer noch eins drauf gesetzt werden.

Robert Ficker aus Dießfurt brauchte einen Spender. Wir wurden eingeladen zu einem Vorgespräch. Wir saßen am Küchentisch von Robert. Robert war auch dabei, Feuerwehr und Sportverein ebenso.

Ich erklärte, wie so eine Aktion abläuft, was zu tun ist, dass Geld wichtig ist. Aber am wichtigsten sind Aktion und motivierte Helfer. Ein Termin war schnell gefunden, die Aktion lief toll an und am Typisierungstag war eine riesige Helferschar im Anmarsch. Wow, das wird was! Außerhalb des Sportheims haben sie eine Bühne aufgebaut und Bierbänke hingestellt. Weißwürste, Schweinebraten, Kaffee und Kuchen, Bratwürste, Steaks. Dießfurt veranstaltete zur Typisierung ein Volksfest. Sogar drei Profis von 1860 München kamen zu einer Autogrammstunde. Am Ende konnten wir 740 neue Spender für die weltweite Datenbank gewinnen. Erstaunlich viele junge Menschen haben wir aufgenommen. Wir nutzten erstmals Facebook. Wir luden quasi zur ersten Social-Facebook-Party ein. Und es funktionierte. Ein durchweg gelungener Tag. Wir verabredeten uns am Dienstag darauf, um eine Nachbesprechung der Aktion zu machen.

Am Dienstag früh fuhr ich meinen Laptop hoch und sah eine E-Mail von Erhard Walberer, dem ersten Vorstand des FC Dießfurt. Es stand nur drin: Auf Grund des plötzlichen Todes von Robert Ficker sollten wir die Besprechung verschieben. Robert war tot, zwei Tage nach der großen Hilfsaktion, das war heftig!! Da war er wieder, dieser Moment, wo eine Stimme zu mir sagte: WARUM?

Die Mittwochspresse war hart. Auf Seite eins des Regionalteils die Todesnachricht, und auf Seite 5 der Regionalseiten wurde vom Volksfest am vergangenen Sonntag berichtet.

Fast 800 Leute bei der Typisierung. Ich hatte den Eindruck, dass die alle und noch mehr zur Beerdigung gekommen waren. Am offenen Grab bedankte sich Erhard Walberer auch nochmals bei »Hilfe für Anja« und allen, die diese Aktion möglich gemacht hatten. Die Angehörigen baten auch, anstelle von Blumenkränzen um Spenden für »Hilfe für Anja e. V.«. Nette Geste, vielen Dank!

Zeit zum Verschnaufen blieb nicht, die nächste Aktion in Neunaigen stand schon auf dem Plan. Zwischendrin musste noch eine Aktion in Nürnberg bei den Hardcore Glubbfans inklusive dem Motorradclub Bandidos gemacht werden. Eine etwas andere Aktion, aber genauso erfolgreich. Der Aufruf galt Mike, einem Mitglied der Szene. 318 Personen wollten helfen.

Neunaigen schien wieder eine größere Aktion zu werden. Hier hatten wir zwei Fälle, Anneliese Ruidisch und Georg Weber, beide Ende 50, Leukämie! Im Vorfeld merkte man schon gleich die Hilfsbereitschaft der Dorfbewohner. Nach einigen Gesprächen meinte Gertraud Weber ganz salopp: »Die 1.000 erreichen wir.« Ups, ich schmunzelte und dachte: »Täusch dich da mal nicht.« Es sprach vieles dagegen. Zum einen ist Neunaigen nur ein kleines Dorf, zum anderen haben die Stadtbewohner von Wernberg-Köblitz keine große Lust, nach Neunaigen zu fahren. Außerdem waren an diesem Sonntag von den fünf Ortszufahrten drei gesperrt. Man musste erst mal im Kreis fahren, um überhaupt die Aktion erreichen zu können.

Auch hier war ein Volksfest im Gange. Ich fand das richtig super, was auch in Neunaigen auf die Beine gestellt wurde. Richtig toll, ein ganzes Dorf war auf den Beinen. Und am Ende sollte Gertraud Recht behalten, Neunaigen konnte tatsächlich 1.051 Spender mobilisieren und sogar auch alle bezahlen, genau wie die Mädels und Jungs aus Dießfurt. Alle Typisierungen bezahlt. Georg Weber fand sogar vor der Aktion noch einen Spender, was dem Tatendrang der Neunaigner aber keinen Abbruch tat. Im Gegenteil, es motivierte noch mehr.

Zwischen den Aktionen in Nürnberg und Neunaigen war auch mal mein Akku leer und ich meldete mich für zwei Wochen auf dem Jakobsweg ab. Von Pamplona nach Santiago de Compostela, 750 km mit dem Rad. Es war ein traumhaftes Erlebnis, das ich gerne mal wiederholen möchte. Auf diesem Weg entstand auch das Titelbild, das ich gemacht habe. Es soll den langen und schweren Weg darstellen, den alle Patienten, aber auch deren Familien und Freunde gemeinsam gehen müssen.

Nach meiner Rückkehr konnte ich mit frischem Elan an die Aktion in Neunaigen gehen. Und ich konnte mich mental noch einstimmen, wann und wie ich Anja, ihre Familie und Henrique zusammenbringe. Dieses kleine Geheimnis durfte man nicht einfach ausplaudern, sondern man musste es feierlich zelebrieren. Mir war wichtig, dass die komplette Familie dabei war. Das war gar nicht so einfach.

Die Aktionen in Dießfurt und Neunaigen.

Es ist Zeit, sich zu outen

Mitte November hatten wir es dann geschafft. Wir luden uns zum Karpfenessen ein, denn in dem Ort, wo Anja mit ihrer Familie wohnte, gibt es den besten Pfefferkarpfen der Welt.

Mit Henrique hatte ich alles besprochen. Er und seine Frau Liliana saßen in Villa Franca und waren sehr aufgeregt, genauso wie wir natürlich auch. Wir vereinbarten, dass ich ihn via SMS auf dem Laufenden halte. Und wenn es so weit wäre und Anja es wolle, dann könnten wir uns auch über Skype melden. Aber das mussten wir auf uns zukommen lassen.

Mit an Bord waren meine beiden Töchter, meine Frau, Daniela und ich. Wir trafen uns in der Gastwirtschaft und schlemmerten genüsslich das Essen. Anschließend luden wir uns noch bei Anja ein. Kurze Info nach Portugal: Gleich geht's los!

Wir saßen am Küchentisch, redeten etwas und dann holte ich ein Puzzle aus der Tasche. Ich fragte Anja, ob sie nicht Lust hätte, mit Katrin das Puzzle zu machen. Anja hatte natürlich anfangs keine Lust, aber als dann Katrin begann, machte Anja auch mit.

Henrique hatte mir ein schönes Bild geschickt, auf dem er mit Liliana zu sehen ist. Dieses Bild haben wir als Puzzle mit 28 Teilen herstellen lassen. Die beiden Mädels fingen an, und wie es der Zufall wollte, bauten sie erst das Gesicht von Liliana zusammen. Von Henrique war noch nichts zu sehen. Lisa wurde skeptisch, sie fragte, was das soll. Ich ging erst mal nicht auf die Frage ein. Die beiden Mädels puzzelten weiter und es war immer mehr das Gesicht von Henrique zu sehen. Und plötzlich war jedem im Raum klar, dass das das Gesicht von Mr. H. aus Portugal sein muss. Es war eine knisternde Atmosphäre, Lisa rannen die Tränen über die Wangen. Reinhard war sprachlos. Einzig Matthias ließ ein »sau cool« über die Lippen.

Mit etwas zittriger Stimme sagte ich nur: »Darf ich vorstellen: Henrique Miranda mit seiner bezaubernden Frau Liliana Dias aus Villa Franca, besondere Merkmale: Portugiese und Lebensretter!« Anschließend habe ich einen von Henrique verfassten Brief vorgelesen.

Anschließend war erst mal Stille, auch ich brauchte jetzt mal eine Pause. Dies war der Moment, wo wir als Verein »Hilfe für Anja« unseren Auftrag erfüllt hatten. Wir haben nicht den Spender über Typisierungsaktionen gefunden, aber wir konnten am Ende Anja ihren Lebensretter vorstellen.

Jetzt war's also raus, und eine zentnerschwere Last fiel von mir ab. Das monatelange Versteckspiel hatte endlich ein Ende. Unter dem Tisch habe ich schnell noch eine SMS an Henrique geschrieben: »I`ve done it!«
Ich habe es getan! Mir fiel nichts Besseres ein! Postwendend kam nur zurück: »Crazy, what an evening« – verrückt, was für ein Abend!

Nachdem sich jeder wieder gefangen hatte, versuchte ich, die Situation zu erklären. Lisa reagierte genauso, wie ich es vermutet hatte. Sie war sauer. Ich konnte sie verstehen. Anja wusste, glaube ich, gar nicht, was gerade um sie geschah. Nach einer gewissen Zeit des Schweigens sagte ich Anja, dass sie gerne mal mit Henrique schreiben könne. Ich zog mein Handy heraus und Anja schrieb die ersten Worte an ihren Lebensretter. Ich bot Anja an, wir könnten auch über Skype Kontakt aufnehmen, Henrique sitze vor seinem Computer, aber das wollte Anja noch nicht. Sie verzog sich erst mal in ihr Zimmer.

Nach circa 20 Minuten ging ich mal zu ihr und fragte, wie sie sich fühle. Sie hatte gemischte Gefühle, aber sie meinte, wir könnten ja mal Skype probieren.

Ich wählte mich in meinen Account ein und wählte die Nummer von Henrique. Es dauerte nicht lange und auf dem Bildschirm war ein junges Pärchen zu sehen. Nun kam auch der Rest in Anjas Zimmer. Die Kommunikation war etwas verhalten. Es flossen viele Tränen, Tränen der Rührung. Dieser Augenblick war für mich das größte Geschenk, was ich in all den Jahren mit »Hilfe für Anja« erlebt habe.

Nach dem ersten Gespräch mit den beiden begaben wir uns wieder in die Küche und ich ließ die nächste Überraschung aus dem Sack. Wenn Anja mit ihrer Familie es will, würden Henrique und Liliana am 27. Dezember nach Deutschland kommen und uns alle besuchen! Jetzt waren natürlich alle noch sprachlos.

Nun war der Zeitpunkt gekommen, um zu gehen, da ich dachte, dass man die vier erst mal alleine lassen sollte. Die hatten bestimmt viel zu reden miteinander.

Lisa brauchte lange, bis sie verstand, dass der Zeitpunkt der richtige war. Sie wusste selber, dass sie bis Mitte des Jahres, als ihre

ganze Sorge Anja galt, mit dieser Info nichts hätte anfangen können. Aber sie hätte es gerne ein bisschen früher erfahren. Na ja,
so einfach war das nicht. September und Anfang Oktober hatten
wir keine Zeit, ab Mitte Oktober kam bei Lisa immer wieder etwas dazwischen. Sie meinte aber, im August, da hätte ich es doch
sagen können. »Hätte ich, aber im August gab es noch keinen
Pfefferkarpfen ☺.«

Der erste Kontakt über SMS mit dem Lebensretter in Portugal!

*Alle waren versammelt, als man erstmals via Skype
zu Liliana und Henrique Kontakt aufnahm.*

Die Nervosität wuchs von Tag zu Tag

Weihnachten war vorbei und sowohl in Rothensand als auch in Kirchenthumbach bereitete man sich auf die Ankunft von Liliana und Henrique vor. Wir vereinbarten, dass wir die beiden gemeinsam am Flughafen Nürnberg abholten und dann zu Lisa und Reinhard nach Hause fuhren. Dort sollten sie dann erst mal drei Tage bleiben, ehe sie dann an Silvester noch ein paar Tage zu uns kommen sollten.

Sie waren mit Swiss-Air unterwegs. Aus Zürich schickte mir Henrique noch kurz eine SMS, dass sie ein paar Minuten Verspätung hätten, aber noch einigermaßen im Zeitplan lagen. Am Flughafen bereiteten wir alles vor. Man konnte meinen, hier fände gleich ein Staatsempfang statt. Na ja, war ja fast so, für uns hatte dieser Besuch mehr Bedeutung, als wenn ein Politiker kommen würde. Die beiden waren mehr wert als alles Geld der Welt. Aus dem Flieger sandte er mir noch eine kurze SMS »arrived« – »angekommen«.

Eine Videokamera wurde in Bereitschaft gestellt, das Transparent, das Christine gemalt hatte mit »Herzlich willkommen«, natürlich in portugiesischer Sprache. Der große Blumenstrauß und circa 15 Leute als Empfangskomitee. Das konnte sich sehen lassen für einen echten Lebensretter.

Die Schiebetür ging auf und es gab erst mal tosenden Beifall. Die anderen Passagiere wussten natürlich nicht, was hier gerade passiert, aber einigen merkte man an, dass sie spürten, dass hier etwas Besonderes passierte, und sie blieben stehen, um dem Treiben zuzusehen. Der erste Kontakt zwischen Anja und Henrique war herzzerreißend. Man konnte die prickelnde Stimmung spüren. Hier geschah etwas ganz Besonderes.

Flughafen Nürnberg 27. 12. 2012 – 14.54 Uhr
Anja
trifft zum ersten Mal ihren Lebensretter!

Ich habe mich bei dem Begrüßungsreigen als Letzter angestellt, da ich es erst mal genoss, das Ganze zu beobachten. Als ich dann an der Reihe war, war es kein Gefühl, dass mir ein Fremder gegenübersteht, sondern ein alter Freund, den ich schon lange nicht mehr gesehen habe.

Diesen Moment kann man nicht mit Worten beschreiben, man muss ihn erlebt haben, und schon alleine dafür hat es sich gelohnt, diesen Verein zu gründen, mit all dem ganzen Stress und den Unwegsamkeiten. Irgendwann räumten wir den Platz am Flughafen und fuhren nach Rothensand. Dort hatte Matthias ein kleines Willkommensfeuerwerk vorbereitet.

Wir erlebten noch einen wunderbaren Abend, der für uns einen besonderen Höhepunkt hatte. Da Christine einen Tag vorher Geburtstag gehabt hatte, sang man ihr ein Geburtstagsständchen. Die zweite Strophe stimmten dann Liliana und Henrique in Portugiesisch an. Toll, das war ein Einstand nach Maß.

In den nächsten Tagen hörten wir erst mal nichts mehr, was schade war, aber natürlich verständlich. Es war für mich am Anfang auch ein wenig komisch, ich hatte bis dato die Fäden in der Hand gehabt, und nun war ich erst mal außen vor. Eine neue Situation, aber wie gesagt, das Normalste von der Welt, man musste sich nur erst einmal daran gewöhnen. Am Silvestertag erhielten wir die Nachricht, dass Liliana krank sei. Aber auch hierfür hatte ich schon eine Idee. Um diese aber umsetzen zu können, bedurfte es wieder einiger glücklicher Umstände. Wir fuhren nach Rothensand, Liliana lag da wie ein Häufchen Elend auf der Couch. Ich rief meinen Freund Dr. Sterner an, der in der Nähe von Bamberg eine Praxis hatte, und fragte ihn, ob er helfen kann. Er meinte, dass dies schwierig sei, da er gerade auf dem Weg zu Freunden in unserer Gegend sei. Ich sagte, dass dies perfekt sei, ob er vielleicht mal kurz vorbeikommen könnte. Selbstverständlich, wir sehen uns nicht oft, aber so was nennt man echte Freunde. Wir packten Liliana in warme Decken und fuhren zu uns, Henrique nahmen wir natürlich auch mit. Ja, aber jetzt galt die Aufmerksamkeit erst mal nicht ihm, sondern Liliana.

Dr. Sterner kam und checkte sie kurz durch, gab ihr ein paar Medikamente und dann legte sie sich wieder schlafen. Wir indessen bereiteten mit Henrique die Feierlichkeiten für Silvester vor. Unsere Freunde waren wie immer mit uns Silvester zusammen und in diesem Jahr kamen auch noch Lisa, Reinhard, Matthias und Anja dazu, zwar wie immer zu spät, so dass sie meine Begrüßungsrede für Liliana und Henrique verpassten.

Es war ein illustrer Abend. Mit Liliana ging es auch langsam wieder aufwärts, so dass sie den Jahreswechsel in Deutschland mitfeiern konnte, aber auch eine Stunde später den Jahreswechsel in ihrem Heimatland mitbekam.

Am ersten Januar ließen wir es erst mal ruhig angehen. Gemütlich frühstücken und dann schauten wir, wie es Liliana ging. Es war so weit alles wieder o. k. Wahrscheinlich war der Partymarathon doch etwas zu stark in den letzten Tagen.

Da beide den Wunsch geäußert hatten, dass sie mal wieder Schnee sehen wollten, stand ich natürlich vor einem Problem. Bei uns war kein Schnee in Sicht, aber auch für so etwas hatte ich vorgesorgt. Ich war drei Tage vorher auf der Suche nach einer Langlaufloipe und fand diese am Ochsenkopf. Auch wenn es in den letzten Tagen geregnet hatte, oben auf der Spitze lag bestimmt noch Schnee.

Liliana präsentierte stolz ihren Schneeanzug, den sie extra für das kalte Deutschland gekauft hatte. Als wir Richtung Fichtelgebirge fuhren, hatte ich schon große Bedenken, denn auch hier war alles grün. Als wir aber auf den Parkplatz fuhren, rieselte der Schnee und die beiden freuten sich wie die kleinen Kinder. Mit der Seilbahn fuhren wir dann zum Gipfel, der schneebedeckt war und wo die Skifahrer sogar unterwegs waren. Liliana zettelte gleich eine Schneeballschlacht an. Man merkte, dass sie Spaß hatten.

Am Abend trafen wir uns noch bei unserem 2. Vorstand Uwe im Partykeller, der für uns den Pizzaofen angeschürt hatte. Ein weiterer schöner Abend ging in Windeseile vorbei.

Am nächsten Tag stand dann schon wieder Abschiednehmen auf dem Programm. Henrique hielt noch eine kleine Abschiedsrede, wie stolz er sei und glücklich, dass er uns alle in die Arme schließen konnte. Zu mir sagte er noch, dass wir beide alles richtig gemacht hätten. Ich zwinkerte ihm zu und verabschiedete mich gebührend.

Wir starrten der Maschine hinterher, bis sie in den fränkischen Wolken verschwunden war. Wunderbare Tage fanden hier ein Ende.

Der Silvesterabend 2012 in Kirchenthumbach

Henrique & Liliana,
Anja und Familie,
Freunde von uns,
ein unvergesslicher Abend!

Zum ersten Mal sahen Henrique und Liliana Schnee im Fichtelgebirge.

Wer rastet, der rostet!

Der Konkurrenzkampf unter den Datenbanken nimmt immer mehr zu, die Großen versuchen die Kleinen kaputt zu machen, was natürlich schade ist. Wir haben diesen Kampf am eigenen Leib zu spüren bekommen, obwohl wir keine eigene Datenbank führen, sondern »Netzwerk Hoffnung« aufbauend mit unterstützen. Früher hat man uns sogar gefragt, ob wir Aktionen anderer Datenbanken übernehmen. Davon sind wir mittlerweile sehr weit weg.

Schade eigentlich. Miteinander erreicht man viel mehr als gegeneinander, aber dies haben noch nicht alle verstanden. Eine andere Datenbank machte 30 Kilometer östlich von uns eine Typisierung für ein 25-jähriges Mädchen. Natürlich schade, dass sich die Verantwortlichen erst nachher an uns erinnert haben. Über 2.000 Leute kamen und am Ende fehlte viel Geld. Wir setzten uns zusammen, wie wir mit dieser Situation umgehen sollten. Wir entschieden, dass wir den Konkurrenzkampf satthaben und der Datenbank, mit der wir übrigens auch schon Jahre zusammengearbeitet hatten, die Hand reichen. Und in der Hand hielten wir einen Scheck von 15.000 Euro zur Kostendeckung. Es ging uns natürlich auch darum, mitzuhelfen, die verursachten Kosten etwas zu lindern, aber wir erhofften uns natürlich, dass man etwas offener miteinander umgeht.

Das Geld haben sie natürlich freudig genommen und als Dankeschön haben sie ein Jahr später 20 Kilometer westlich von uns eine weitere große Aktion ohne uns gemacht, obwohl wir unsere Hilfe angeboten hatten. Traurig. Gehen wir nicht weiter auf die Thematik ein. Wichtig ist für alle, zu wissen, auch wenn es keine Einigkeit unter den Datenbanken gibt, so müssen alle Dateien in ein zentrales Register nach Ulm melden, das heißt, der Spendersuchlauf wird über eine übergeordnete Zentrale gesteuert. Wenn unsere Hilfe gebraucht wird, stehen wir Gewehr bei Fuß.

Es gab aber auch noch Erfreuliches zu berichten. Die Schlossbrauerei in Fuchsberg feierte drei Tage ihr 350-jähriges Jubiläum. Der Gewinn wurde an drei Institutionen ausgegeben. »Hilfe für Anja« war auch mit dabei. 15.000 Euro erhielten wir aus den Händen der Brauereiführung, der Familie Vogl.

Bei so viel Geld freut man sich doch gleich wieder auf die nächsten Aufgaben. Die traditionsmäßige Typisierung in der Mensa in Würzburg brachte auch noch mal 500 Personen für die weltweite Datenbank.

Am 2. Weihnachtsfeiertag 2013 erhielten wir von den Ultras Nürnberg eine Info, dass ein Mitglied von ihnen an Leukämie erkrankt ist und ob wir uns vorstellen könnten, hier wieder zu helfen?

Generell ja, aber wir mussten erst mit dem FCN klären, ob wir wieder an unseren Ursprung zurück dürfen. Wir hatten aber in diesem Fall ein paar gute Argumente, dass wir diese Aktion durchführen könnten. Zum einen war die Aussage der Ultras, dass sie diese Aktion nur mit uns machen wollen. Im Fanrat hatten wir mit Hans-Martin Grötsch auch eine Person, die uns persönlich kannte, mit uns schon zusammengearbeitet hatte und den direkten Draht zur Vorstandschaft des 1. FC Nürnberg besaß. Jetzt galt es nur noch den 1. FC Nürnberg zu überzeugen, dass wir die Aktion machen dürfen. Aber auch hier erinnerte man sich noch an unsere gute Arbeit in den letzten 14 Jahren.

Wir nahmen auch gleich mal Kontakt zur Patientin auf. Melanie, 25 Jahre, erfährt Weihnachten, dass sie einen Stammzellspender benötigt, wenn sie weiterleben will. Tolle Aussichten. Melanie ist

Mitglied der Ultras Nürnberg und Ultras halten zusammen. Es ist wie in einer guten Beziehung.

Da die Fans des 1. FC Nürnberg auch Fanfreundschaften zu Rapid Wien und zum FC Schalke 04 pflegen, wurde natürlich auch geprüft, welche Möglichkeit wir mit diesen Kontakten haben. Mit unserer Datenbank aus Würzburg konnten wir nur Nürnberg abdecken. Die Wiener vermittelten wir an die österreichische Datenbank und die Schalker, da war ich auf der Suche nach einer seriösen Datenbank in NRW. Ich stieß auf die Knochenmarkspenderzentrale in Düsseldorf.

In meiner ersten Mail stellte ich »Hilfe für Anja« erst mal vor und sprach mal nur davon, dass wir Fußballfans »Auf Schalke« typisieren wollen. Mit dem Begriff »Ultras« könnten einige vielleicht ein Problem haben. Also erst einmal nicht mit der Türe ins Haus fallen. Ich erhielt sofort eine Mail zurück mit der Bitte um ein Telefonat.

Ich rief in Düsseldorf bei der Konchenmarkspenderzentrale an. Auf der anderen Seite meldete sich eine Frau Herda. Vom ersten Augenblick eine sympathische Erscheinung. Ich fragte vorsichtig an, ob sie denn schon Erfahrungen mit Fußballfans hatten. Darauf erwiderte sie, dass sie regelmäßig die Ultras von Fortuna Düsseldorf typisieren. Ich packte innerlich die Säge aus und jubelte, da bin ich ja so was von richtig.

Ein weiteres Novum, sie verzichten auf die Blutabnahme, sie typisieren nur noch mit Wattestäbchen und das schon über viele Jahre sehr erfolgreich. Eine sehr interessante Sache, die ich auch schon von anderen Datenbanken mitbekommen habe. Auch hatte ich in der Vergangenheit darauf gedrängt, dieses System bei der Datenbank von Netzwerk Hoffnung einzuführen. Das System mit den Wattestäbchen ist für uns etwas einfacher, weil wir nicht immer die mühselige Suche nach einem Arzt haben. Gerade bei kleineren Aktionen ist das nicht immer so einfach und daher kommt uns der Zellenabstrich auf der Wangeninnenseite mittels eines Wattestäbchens schon sehr entgegen. Zwecks Aktion bei den Ultras Gelsenkirchen waren wir eigentlich gleich im Geschäft, aber ich überlegte, ob es auch eine Möglichkeit gäbe, das System in Nürnberg anzuwenden.

Mir gelang es, die Knochenmarkspenderzentrale Düsseldorf, »Netzwerk Hoffnung« und »Hilfe für Anja« in Düsseldorf an einen Tisch zu bringen. Es war ein reger Austausch. Am Ende ging man wohlgestimmt auseinander. Das Ergebnis war zwar nicht ganz zufriedenstellend. Ich wollte, dass Düsseldorf die Abstriche auswertet und dann die fertigen Daten nach Würzburg in die Datenbank schickt, aber da gibt es leider noch EDV-Probleme, die so schnell nicht behoben werden können. Positiv ist aber, dass Würzburg versucht, die Wattestäbchen zu implementieren. Das zeigt doch schon, dass unser Wort auch in diesen Kreisen zählt.

Für mich war klar, Gelsenkirchen und Nürnberg wird mit Wattestäbchen stattfinden. Die Daten werden in Düsseldorf bleiben, und wenn jemand aus der Nürnberger Aktion als Spender in Frage kommt, wird die Transplantation in Würzburg stattfinden.

Der Tag der Aktion in Gelsenkirchen war gekommen. Mit neun Personen sind wir in den Ruhrpott gereist. Wir wurden herzlich empfangen und im Nu war aufgebaut und es ging los. Anette Herda war mit zwei Personen gekommen. Nach einer kurzen Einweisung haben wir bereits das Zepter übernommen. Nach einer Stunde war klar, die Aktion in Nürnberg bekommen wir ohne Unterstützung aus Düsseldorf hin. Am Ende konnten wir uns bei 194 Spendern bedanken. Coole Sache, Mädels und Jungs.

Nun stand noch Nürnberg auf dem Programm. Mittlerweile war auch klar, dass Meli einen Spender hat, aber die Ultras Nürnberg wollten trotzdem die Aktion machen, da man nicht weiß, was morgen ist. Nach einigem Hickhack stand die Aktion im Stadion, dank der Unterstützung von einigen Aufsichtsräten. Beim Spiel gegen Mönchengladbach konnten wir 705 neue Lebensretter in die weltweite Datenbank aufnehmen.

Vielen Dank, UGE, vielen Dank, UN 94, vielen Dank, 1. FC Nürnberg. Dass es zwei Tage später von anderer Seite Ärger gab, weil wir im Stadion typisierten und mit Wattestäbchen noch dazu, brauchen wir nicht weiter zu erwähnen. Wir konnten uns auch nicht lange mit diesen gekränkten Eitelkeiten beschäftigen, denn die nächste Aktion stand bereits vor der Tür.

Dass ausgerechnet die 35.000. Spenderin in Baden-Württemberg aufgenommen wird, macht mich schon ein wenig stolz. Königheim im schönen Taubertal stand nach zehn Jahren wieder einmal auf dem Programm. Fast noch die gleiche Mannschaft wie damals, nur etwas älter geworden, aber immer noch mit tollen Ideen für eine gelungene Typisierungsaktion.

Und just um 16.12 Uhr in Königheim schrieben wir wieder mal Geschichte, die 35.000. Spenderin, die durch eine von »Hilfe für Anja e. V.« initiierte oder unterstützte Aktion für die weltweite Datenbank gewonnen werden konnte. Silvia Deckert aus Gissigheim war die Auserwählte. Bei ihr haben wir uns symbolisch für 35.000 Spender mit einer Flasche Wein bedankt.

35.000 Lebenschancen für all die vielen Patienten auf dieser Welt. Wir verneigen uns 35.000-mal und sagen DANKE, DANKE!

2015 – das Jubiläumsjahr

Das Festjahr, so haben wir beschlossen, wollten wir nicht nur mit einem großen Fest feiern, sondern wir wollten über das Jahr verteilt einige Aktionen machen. Wir ließen es erst mal ruhig angehen, mit einer kleinen Aktion im Rahmen des Gesundheitstages des BRK Kemnath. Hier folgte das Highlight zum Schluss. Die aus Funk und Fernsehen bekannten »Troglauer Buam« haben sich in die weltweite Datenbank aufnehmen lassen.

Ab da ging es dann Schlag auf Schlag. Ende Januar übergab uns die »Nordkurve Nürnberg« einen Scheck in Höhe von 4.000 Euro. Mitte Februar haben wir die erste Auflage des Buches »Lebensretter gesucht!« – »Der gemeinsame Weg in ein neues Leben!« auf den Markt gebracht. Ja liebe Leser, wenn Sie diese Zeilen lesen, dann halten Sie schon die 2. Auflage in den Händen!!!

Und dann galt unsere ganze Konzentration dem ersten großen Highlight. Wir konnten das Musical »Oschnputtl« aus Niederbayern verpflichten. Am 28. Februar 2015 traten die Sängerinnen und Sänger um Regisseur Tom Bauer in der Mehrzweckhalle in Kemnath auf. Und es war ein riesen Act, 1.100 Besucher konnten wir begrüßen. Diese erlebten einen stimmungsvollen Abend, den sie so schnell nicht mehr vergessen werden. Ich glaube, das war eine der besten Veranstaltungen in unserer 15jährigen Vereinsarbeit. Abgesehen davon, dass uns die Darsteller mit der Gage sehr entgegen kamen, wurden die

kompletten Unkosten über Sponsoren abgedeckt. Jede verkaufte Eintrittskarte konnte so zur Gewinnung neuer Stammzellspender verwendet werden.

Damit das eingenommene Geld nicht auf dem Konto Staub ansetzte, machten wir sechs Tage nach dem Musical eine große Typisierungsaktion in Nürnberg. Tim ein 18jähriger Fachoberschüler ist an Leukämie erkrankt. Um keine Zeit zu verlieren, haben sich besorgte Eltern der Schule um diese Aktion bemüht. 560 Personen konnten für die weltweite Datenbank gewonnen werden. Ein besonderes Ambiente bot der Typisierungsort. Wir waren im Ofenwerk in Nürnberg. Neben der Herzlichkeit von Herrn

Riedhammer und Herrn Pemsel waren wir auch umringt von vielen tollen Oldtimerfahrzeugen, die dort ausgestellt werden.

Nun galt es aber Luft zu holen, denn die letzten Wochen waren nicht spurlos an uns vorbei gezogen. Viel Zeit blieb nicht, da schon die nächste Aktion in Planung war. Und da haben wir mal wieder was Besonderes aus dem Ärmel gezaubert.

Wir »rockten« die Allianz-Arena in München. Die Fanszene von

1860 München hat angefragt, ob wir uns vorstellen könnten, auch in der Arena eine Aktion zu machen. »Selbstverständlich konnten wir uns das vorstellen!« Und da sich »Hilfe für Anja e. V.« etwas vom Rest abheben möchte, wollten wir nicht einfach so nach München fahren und eine Aktion machen, da dies ja eigentlich der Arbeitsbereich der Stiftung Aktion Knochenmarkspende Bayern (AKB) ist. Also versuchten wir, eine große Gemeinschaftsaktion zu machen. Unter der Federführung von »Hilfe für Anja e. V.«, mit der Fanszene von 1860, aber in Kooperation mit den Datenbanken der AKB, der Knochenmarkspenderzentrale Düsseldorf und Netzwerk Hoffnung aus Würzburg. Vielleicht macht dieses Modell Schule und die Dateien arbeiten mehr miteinander. Wenn »Hilfe für Anja e. V.« hier der Vorreiter sein soll, dann nehmen wir diese Rolle sehr gerne an. Wir haben in den letzten 15 Jahren schon sehr viel bewegt oder angestoßen, warum sollten wir nicht auch Sachen möglich machen, die vor Jahren noch unmöglich erschienen.

Auch der TSV 1860 München unterstützte unsere Aktion und das trotz sportlicher Talfahrt. Publikumsliebling Dominik Stahl machte für unsere Aktion mit uns ein gemeinsames Foto bzw. einen Videoaufruf. Auch Sascha Färber, Organisationsleiter der Löwen, war immer bemüht, alle Probleme zu lösen.

Mit Transporter und Zelt »bewaffnet« fuhren wir am 17. Mai Richtung Landeshauptstadt und schlugen unser Lager unmittelbar vor der Allianz-Arena auf. Punkt 12 Uhr war Start der Aktion, just zu dieser Zeit verzog sich auch der Regen. Hilfe für Anja e. V., die beiden Fanlager aus München und Nürnberg und die Stiftung Aktion Knochenmarkspende Bayern, alle arbeiteten Hand in

Hand zusammen, so dass wir am Ende 729 Spender für die weltweite Datenbank gewinnen konnten. Auch Geschäftsführer Markus Rejek ließ es sich nicht nehmen, sich für die weltweite Datenbank registrieren zu lassen. Danke an alle für diese tolle gemeinsame Aktion.

Eine Woche später waren wir wieder in unserem Wohnzimmer, im Nürnberger »Max-Morlock-Stadion« und konnten nochmals

323 neue potentielle Spender gewinnen. Auch der Club aus Nürnberg war sehr kooperativ und bewarb sowohl die Aktion in München als auch die Aktion in Nürnberg.

An diesem Tag waren erstmals zwei Menschen, die wir in den letzten 15 Jahren lieb gewonnen haben, gleichzeitig auf der Aktion und haben mitgeholfen. Anja und Meli trafen erstmals aufeinander. Und wenn man beide miteinander lachen sieht, weiß man, warum man all die Strapazen auf sich nimmt.

Um zum Schluss nochmals auf die Frage zurückzukommen, die mir in der Nacht gestellt wurde, als Anja transplantiert wurde, ob wir nun aufhören, da ja unser Ziel erreicht ist, kann man eindeutig sagen, dass Anjas Transplantation nur ein Zwischenziel war. Solange Menschen sterben müssen wegen fehlender Stammzellspender, so lange sind wir noch nicht an unserem Ziel angekommen.

In diesem Sinne: Lasst uns weiterkämpfen! All die vielen Menschen, die auf einen Stammzellspender warten, werden wir nicht alleine ihren schweren Weg gehen lassen.

Gemeinsam in ein neues Leben!
You`ll never walk alone!

**Lisa erzählt die lange Leidensgeschichte
ihrer Tochter Anja.
In den 13 Jahren ihrer Krankheit
durchlebte die Familie
viele Höhen und Tiefen.
Die Todesangst war immer
allgegenwärtig.**

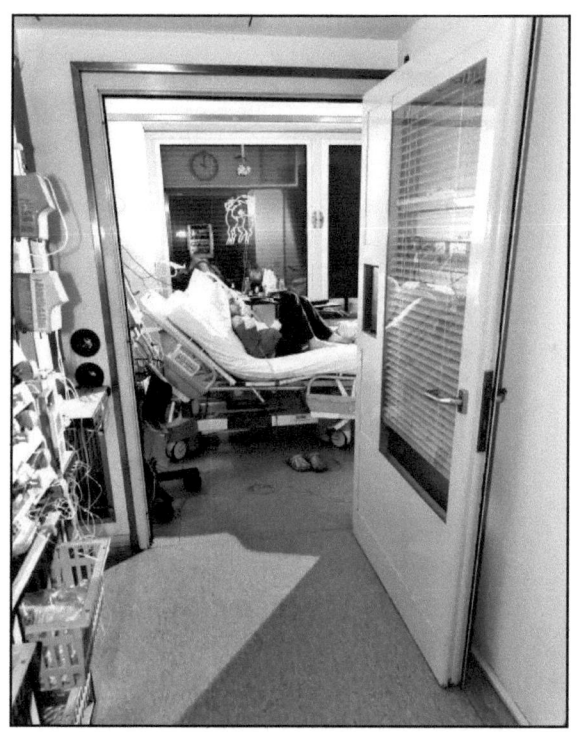

Anja – wie alles begann!

Im Oktober 1994 wurde unser Sohn Matthias geboren und am 5. Juni 1996 um 8.40 Uhr erblickte unsere Tochter Anja das Licht der Welt. Unser kleines Familienglück schien nun perfekt zu sein.

Wir, mein Mann Reinhard und ich, befanden uns mitten im Hausbau und hatten das Glück, zwei gesunde Kinder geschenkt zu bekommen. Familienglück, was willst du mehr?

Es war nicht immer ganz einfach, unsere zwei kleinen Wickelkinder, den Hausbau und die alltäglichen Erledigungen unter einen Hut zu bringen.

Für Kinder ist es wichtig, Kinderkrankheiten durchzumachen, deshalb dachten wir an nichts Schlimmes, als Anja am 9. Oktober 1998 hohes Fieber bekam. Das Fieber stieg auf über 40 Grad. Inzwischen war auch die Milz vergrößert und tastbar, deshalb konnte unser Kinderarzt Dr. Schmid bald die Diagnose stellen – Pfeiffersches Drüsenfieber. Der Erreger des Pfeifferschen Drüsenfiebers ist das Epstein-Barr-Virus (EBV), welches zu den Herpesviren gehört. Rund 95 Prozent aller Erwachsenen tragen diesen Virus in sich. Normalerweise verläuft diese Erkrankung im Kindesalter ohne Probleme. Tatsächlich, nach einer Woche war der Spuk vorbei.
Die Ruhe dauerte jedoch nicht lange, denn bereits Anfang November hatte Anja wieder über 40 Grad Fieber, wieder war die Milz vergrößert und die Thrombozyten (Blutplättchen) waren sehr niedrig. Dies war kein normaler Verlauf des Pfeifferschen Drüsenfiebers, deshalb schickte uns Dr. Schmid das erste Mal in die Kinderklinik Bamberg zu Dr. Glöckel. Mit mulmigem Gefühl verfolgten wir alle Untersuchungen, die Anja über sich ergehen lassen musste. Dr. Glöckel versuchte uns das erfreuliche Ergebnis mitzuteilen, dass es keine Leukämie sei. Erst jetzt verstanden wir,

um welche Diagnose es die ganze Zeit ging. Keiner hatte uns gesagt, welche Vermutung die Ärzte hatten. Wir dachten nur, Gott sei Dank keine Leukämie! Geschockt und glücklich verließen wir die Kinderklinik Bamberg.

Diese Idylle sollte jedoch auch nicht lange dauern. Mitte November ging alles wieder von vorne los. Anja hatte wieder über 40 Grad Fieber und trotz Wadenwickeln (inzwischen war ich schon ein Wadenwickelprofi) ging das Fieber nicht runter. Am 23. November 1998 wurde Anja zum ersten Mal stationär in die Kinderklinik Bamberg aufgenommen. Die nächsten Wochen waren für die Ärzte und für uns nicht einfach. So viel war klar: Anja war krank, sie hatte keine Leukämie, aber welche Krankheit steckte dahinter?

Die Ärzte versuchten mit hoch dosiertem Kortison die Krankheit unter Kontrolle zu bringen. Wir Eltern sträubten uns gegen dieses Medikament, wir hatten Angst vor den Nebenwirkungen. Durch den Druck der Ärzte blieb uns aber nichts anderes übrig, als dieser Behandlung zuzustimmen.
Durch das Kortison ging es Anja wieder besser und so wurden wir am 22. Dezember ohne Diagnose entlassen. Sowohl Ärzte als auch wir ahnten es, aber keiner traute es sich auszusprechen, dass das wohl noch nicht alles gewesen war.

Aber an so etwas wollten wir im Moment gar nicht denken, wir waren erst mal glücklich, alle vereint daheim zu sein. Die letzten Wochen hatten wir uns aufteilen müssen. Deshalb hatten wir das Gefühl, dass bereits am 22. Dezember Weihnachten war. Es war einfach wunderbar. Es gibt nichts Schöneres, als Weihnachten mit kleinen Kindern zu feiern, so verbrachten wir Weihnachten sehr bewusst. Bereits an Silvester sollte alles anders sein.

Anja hatte wieder über 40 Grad Fieber. Wir waren fix und fertig, wir wussten, dass Anja wieder stationär aufgenommen werden musste, aber in welche Klinik?

Wir suchten immer wieder Rat bei unserem Kinderarzt Dr. Schmid. Dieser riet uns, wieder in die Kinderklinik Bamberg zu gehen. Wir waren sehr skeptisch, da ja beim letzten Besuch keine handfeste Diagnose gestellt worden war. Dr. Schmid meinte: »Wenn mein Kind eine Bluterkrankung hätte, würde ich nur zu Dr. Glöckel in die Kinderklinik Bamberg gehen.« Wir vertrauten seinem Rat. Heute wissen wir, dass es vermutlich die beste Entscheidung war, die wir treffen konnten. Wir sind fest davon überzeugt, dass Anja nur durch seine Beharrlichkeit heute noch am Leben ist.

Anja ging es immer schlechter und so musste sie am 4. Januar 1999 wieder stationär aufgenommen werden. Die nächsten Wochen waren grausam.
Unser kleines Mädchen mit 2 ½ Jahren schlief nur noch, die Blutwerte verschlechterten sich zunehmend, die Milz war extrem vergrößert, wie bei einer schwangeren Frau kurz vor der Entbindung.
Anja ging es jeden Tag schlechter, wir hatten Angst, dass sie stirbt. Durch die schlechten Blutwerte durfte natürlich auch Matthias nicht zu seiner kleinen Schwester. Für uns war es sehr schwer, Matthias mit seinen vier Jahren zu erklären, warum er Anja nicht besuchen durfte. Es war wie in einem Traum – einem Albtraum.
Ich kann mich noch sehr gut daran erinnern, wie es war, als ich in dieser Zeit zum Einkaufen ging. Es war, als wäre ich in einer anderen Welt, alles um mich war so unwirklich.
Anja war zu keiner Zeit alleine im Krankenhaus, wir schliefen und lebten inzwischen dort. Noch immer wussten wir nicht, gegen

welchen Feind Anja kämpfen musste. Wir konnten nur für Anja da sein.

Damit Matthias nicht unter unserer Hoffnungslosigkeit leiden musste, kümmerten sich meine Eltern in der Oberpfalz um ihn. Matthias musste bereits mit seinen vier Jahren sehr tapfer und »erwachsen« werden. Auch wenn Matthias nun räumlich von uns getrennt war, wussten wir ihn in guten Händen.

Inzwischen ließen die Ärzte durchblicken, dass sie vielleicht auf der Spur von Anjas Erkrankung waren. Sie betonten das »vielleicht«, was die Sache nicht beruhigender machte.

Die erschütternde Diagnose

Wir wollten nicht untätig sein und nahmen Kontakt mit einem Heilpraktiker auf. Dieser kam zum Erstaunen der Kinderkrankenschwestern mit seinem Mikroskop in die Kinderklinik. »Das gab es noch nie«, meinte eine der Schwestern. Leider konnte uns auch der Heilpraktiker keine neuen Ergebnisse liefern, nur dass es eine sehr ernste Erkrankung sein musste. Dank Kortison ging es Anja etwas besser und wir hatten wieder etwas Hoffnung. Dann kam der 29. Januar 1999.

Dr. Glöckel bat uns zu einem Gespräch ins Elternzimmer. Wir versuchten dem anschließenden Gespräch mit zittrigen Beinen zu folgen. »Ihr Kind hat eine Autoimmunerkrankung mit dem Namen Hämophagozytierende Lymphohistiozytose, auch Morbus Farquhar oder kurz HLH genannt.

Dies sei eine lebensbedrohliche Erkrankung und er würde gerne heute noch mit einer Chemotherapie anfangen. Anjas Immunsystem bekämpfe sich selber, dies müsse verhindert werden.

Wir sahen uns an – CHEMO – nein, nicht unser Kind!

Dann ging alles ganz schnell. Anja wurde in ein Einzelzimmer verlegt, unser Feldbett, auf dem uns schon der ganze Rücken schmerzte, wurde gegen ein normales Krankenhausbett getauscht. Die Kinderkrankenschwestern versuchten alles zu tun, um unseren weiteren Krankenhausaufenthalt so angenehm wie möglich zu machen. Mundschutz wurde verordnet und dann kam die erste Chemo, auch Zytostatika genannt. Ein durchsichtiger Beutel, der sehr lichtempfindlich ist, deshalb wurde ein blauer Stoffbeutel darübergestülpt. Dann lief sie, die erste Chemo …
Unsere kleine Anja, gerade 2 ½ Jahre alt, bekam Chemo.
Niemand, der nicht selbst in dieser Lage ist, kann sich vorstellen, was Eltern in dieser Situation fühlen.

Mitleid half nicht, wir mussten stark sein, für Anja und auch für Matthias. Jetzt kannten wir den Namen unseres »Feindes«, jetzt konnten die Ärzte handeln.
Zuerst mussten wir jedoch selber lernen, diese Krankheit zu verstehen, uns mit ihr auseinandersetzen:
HLH ist eine sehr seltene, rezessiv vererbte Krankheit, die bei 80 % der Patienten schon im Säuglingsalter ausbricht. Weltweit sind nur einige hundert Fälle registriert.

Es ist zwischen der passageren Form und der familiären Form (FHL) zu unterscheiden. Genau diese passagere Form, also die durch einen Infekt erworbene Form, ist gut mit einem achtwöchigen Chemoblock zu behandeln, und es wäre keine weitere Behandlung notwendig.

Schlägt die Behandlung nicht an oder kommt es nach Absetzen der Behandlung zu einem Rezidiv (Rückfall), so handelt es sich um die familiäre Form. Hier ist die einzige Erfolg versprechende Therapie eine Knochenmarktransplantation.

Normalerweise bricht die familiäre Form mehr im Säuglingsalter aus, deshalb standen unsere Chancen nicht schlecht, dass Anja mit ihren 2 ½ Jahren die »einfachere« Form hatte. Da diese Erkrankung sehr selten ist, können wir wirklich von Glück sagen, dass Dr. Glöckel nicht aufgegeben hat und Tag und Nacht gesucht hat (seine Frau hat uns dies verraten, er selber hat uns das nie erzählt – dafür ist er viel zu bescheiden). Er hatte bereits mit der weltweit führenden Spezialistin für diese Erkrankung, Frau Prof. Dr. Janka-Schaub aus Hamburg-Eppendorf, Kontakt aufgenommen.

Eine Knochenmarktransplantation – so weit wollten wir noch gar nicht denken. Jetzt hieß es erst einmal diese acht Wochen zu überstehen. Step by step.

Nun mussten wir unser Familienleben neu organisieren. Wir wussten, dass wir nun mindestens acht Wochen in der Kinderklinik sein würden. Reinhard schlief bei Anja in der Klinik und ging am Morgen zur Arbeit. Matthias ging vormittags in den Kindergarten und nachmittags kümmerten sich liebe Freunde, Elisabeth und Gerhard Lieberth, um ihn. Ich verbrachte den Tag bei Anja und ging abends heim und versuchte Matthias etwas Geborgenheit zu geben.

Wir sind wirklich dankbar, gute Freunde zu haben, die in der Not halfen. Wir haben aber auch neue Freunde gefunden, in den vielen lieben Kinderkrankenschwestern und in der Leiterin der Frühförderstelle Hirschaid, Frau Pfeffermann. Sie besuchte uns, so oft es ging, oft jeden Tag, und hellte Anjas Klinikalltag mit ihrer Puppe, dem Clown Oskar, auf.

Es sollte aber nicht so einfach sein. Anja bekam unter der Chemo einen Rückschlag. Somit war klar, dass wir es mit der familiären Form zu tun hatten und wir wirklich einer Knochenmarktransplantation entgegengingen. Anja war inzwischen durch die Medikamente richtig aufgeschwemmt, ein echter Sumoringer. Wenn sie Spielsachen aufheben wollte, musste sie sich erst auf den Hintern fallen lassen – kam aber ohne Hilfe nicht mehr hoch.

Knochenmarktransplantation – ob wir wollten oder nicht, wir mussten uns schon wieder mit einer neuen Situation auseinandersetzen. Doch erst einmal musste die Frage geklärt werden – wer kommt als Spender in Frage? Eltern kommen sehr selten in Frage, da sie nur haploidentisch sind. Jedes Elternteil gibt seinem Kind eine Hälfte der DNA-Merkmale mit, somit passen Eltern immer nur zur Hälfte. Unsere Hoffnung ruhte nun auf unserem kleinen Matthias. Bereits am 25. Februar 1999 wurde er getestet, leider negativ.

Unsere Geschwister und viele Familienmitglieder waren sofort bereit zu helfen. So wurden am 14. März 1999 rund 90 Verwandte auf ihre DNA-Merkmale getestet. Leider kam keiner als Knochenmarkspender in Frage. Auch in der weltweiten Datenbank fand sich kein geeigneter Spender. Anja musste transplantiert werden und es fand sich kein geeigneter Knochenmarkspender. Weltweit, das muss man sich mal vorstellen. Für uns war klar, Anja ist etwas Einzigartiges, aber gleich so einzigartig?

Ende März 1999 fuhren wir mit mulmigem Gefühl das erste Mal zur Universitätsklinik Hamburg-Eppendorf (kurz UKE) zu Frau Prof. Dr. Janka-Schaub. Diese Klinik muss man sich vorstellen wie eine kleine Stadt in der Stadt – wirklich Wahnsinn. Nun standen wir das erste Mal der Frau gegenüber, die federführend in der Forschung der HLH tätig war, Frau Prof. Dr. Janka-Schaub, eine gebürtige Münchnerin. Mit ruhigen, aber sehr klaren Worten versuchte sie uns die Krankheit bildhaft zu erklären. Anjas Immunsystem kann nicht mehr zwischen Gut und Böse unterscheiden und vernichtet alles, was sich ihr in den Weg stellt. Es gibt zwei Möglichkeiten, dass Anja wieder gesund wird: Die erste wäre ein Wunder und die zweite eine Knochenmarktransplantation. Sie selbst glaube jedoch nicht an Wunder. Ich stand vor ihr und in mir bäumte sich innerlich alles auf und sagte (in Gedanken): Und es gibt noch Wunder …

Es wurden viele Tests gemacht, viele Fragen gestellt. Durch die monatelangen Blutentnahmen fand sich bald keine Vene mehr zum Blutabnehmen. Damit Anja nicht immer gestochen werden musste, erhielt sie durch eine Operation einen Zentralkatheter (Broviac) aus Silikon. Mit Glück fand man am Fuß noch eine Stelle, um sie das letzte Mal zu stechen und einen Zugang zu legen. War schon komisch, diesen »Schlauch« zu sehen. Nun konnte Anja nicht mehr baden, nur noch duschen. Dabei wurde die Wunde mit einem speziellen Pflaster geschützt. Damit der Katheter nicht verstopft, musste er regelmäßig mit einem Blutverdünnungsmittel namens Heparin gespült werden. Damit Anja keine Infektionen bekam, musste dies steril geschehen.

Damit wir nicht immer in die Klinik fahren mussten, wurde ich in Hamburg angelernt, dies auch daheim machen zu können. Ich habe jedes Mal Blut und Wasser geschwitzt, denn schon beim kleinsten Fehler muss dein Kind leiden – und wer will das schon. Abgesehen davon war Anja ein kleines Mädchen und normalerweise sind Kinder nicht immer ruhig. Anja machte aber immer super mit, ich glaube, »solche« Kinder spüren das. Nach einer Woche fuhren wir wieder nach Hause. Leider musste der Katheter nach zwei Monaten unter Vollnarkose korrigiert und nach weiteren vier Wochen wieder unter Vollnarkose entfernt werden.

Anja musste jede Woche in die Klinik und bekam »ihre Chemo«. Wir mussten immer über Nacht bleiben. In der Klinik konnte Anja nichts essen. Zu Hause merkte man ihr überhaupt nichts an.

Leider fand sich immer noch kein geeigneter Knochenmarkspender. Den Kopf in den Sand stecken konnten und wollten wir nicht. Also mussten wir aktiv werden. Wir nahmen Kontakt mit der Stefan-Morsch-Stiftung und unserem damaligen Bürgermeister Herrn Andreas Schlund aus Hirschaid auf. Beide sagten uns, ohne zu zögern, Unterstützung zu. Bei einem ersten Treffen meinte H. Schlund: »Kann mir mal jemand den Namen dieser Erkrankung vorlesen, das kann doch keiner aussprechen!« Seit dieser Zeit wurde die Erkrankung oft nur als leukämieähnliche Erkrankung tituliert.

Damit bei der Informationsveranstaltung in der Realschule Hirschaid genügend Leute kommen, lud unser Bürgermeister gleich die Kindergärten ein. Diese sollten eine Aufführung machen. So versprach er sich viele Eltern, die eventuell bereit waren zu helfen. Sein Plan ging auf, die Realschule war brechend voll. Ich vergesse nicht, wie ich zu dieser Informationsveranstaltung gefahren bin. Ich war so aufgeregt, dass ich gleich mit dem Auto in einen Graben fuhr. Zu unserer Freude ließen sich bereits an diesem Abend 156 Menschen typisieren.

Eine riesige Welle der Hilfsbereitschaft beginnt

Bereits vor unserer großen Typisierungsaktion am 16. Mai 1999 ließen sich am 9. Mai bei der Einweihung des Pflegezentrums Regnitzau 600 Freiwillige testen.

Da unsere Wurzeln in der Oberpfalz liegen, war es unsere Hoffnung, hier einen geeigneten Knochenmarkspender zu finden. Unterstützung haben wir hier vor allem durch unsere Verwandtschaft erhalten. Sie hat hier alles bis aufs Kleinste organisiert. Schnell bekamen wir von vielen Kommunalpolitikern aus der Region eine großzügige Unterstützung.

In Oberviechtach kamen zwar zur Informationsveranstaltung am 7. Mai in das Emil-Kemmer-Haus (Soldatenheim) nicht so viele Leute wie in Hirschaid. Doch bereits an diesem Abend konnte Hiltrud Morsch eine Spende der Standortverwaltung Oberviechtach von 900 DM in Empfang nehmen und zu unserer Freude ließen sich 30 Personen typisieren.

Nun kam der für uns so wichtige Tag, der 16. Mai 1999. An diesem Tag sollten zeitgleich Typisierungen in der Realschule Hirschaid und in der Mehrzweckhalle in Oberviechtach stattfinden. Unsere Hoffnung war groß. An diesem Tag waren so viele Leute im Einsatz, um unserer kleinen Anja zu helfen. Dieser Tag war voller Emotionen.

Ich hatte immer Kontakt zu den beiden Typisierungsaktionen. In Oberviechtach war schon vor Beginn der Typisierung die Mehrzweckhalle überfüllt. An 25 Stellen wurde durch Ärzte und Sanitätspersonal Blut genommen. Die Spender kamen nicht nur aus dem Schwandorfer Landkreis, sondern auch aus den Nachbarlandkreisen und sogar aus Regensburg. Die Dorfgemeinschaft aus

Fuchsberg (meinem Heimatort) backte unzählige Kuchen. Es war eine Welle der Hilfsbereitschaft.

In Hirschaid fand sich das gleiche Bild. Bereits nach 90 Minuten hatten sich 1.600 Hilfsbereite in die weltweite Datenbank aufnehmen lassen. Die gesamte BRK-Bereitschaft des Marktes, unterstützt von der Kinderklinik Bamberg und vielen freiwilligen Arzthelferinnen und allen ortsansässigen Ärzten, sorgte für einen reibungslosen Ablauf. Auch hier half die Feuerwehr aus vielen Dörfern des Landkreises, ein größeres Verkehrschaos zu verhindern. Die Bäckerei Loskarn spendete eine Erdbeertorte in Herzform mit drei Metern Durchmesser. Der Reinerlös floss natürlich in die Finanzierung der Typisierungen.

Es war ein traumhafter Tag, doch leider musste die Stefan-Morsch-Stiftung noch vor Beendigung der Aktion abbrechen. Mit 6.400 Blutabnahmen war die Laborkapazität erschöpft. Gerade in Oberviechtach wurden viele Freiwillige wieder heimgeschickt. Wir fragten uns, was wäre, wenn nun gerade der potenzielle Spender von Anja heimgeschickt wurde?

Nun kam wieder die Zeit des Wartens. Wir wussten, dass die Chance sehr gering war, bei den beiden Aktionen den geeigneten Knochenmarkspender zu finden. Aber wer keine Hoffnung mehr hat, der hat den Kampf schon verloren.
Kraft gab uns aber auch das Wissen, dass selbst, wenn kein geeigneter Spender für Anja bei den Aktionen dabei war, die ganze Arbeit nicht umsonst war. Vielleicht war für einen anderen Patienten der passende Spender dabei. Diesem könnte dann dieses zermürbende Warten auf einen Lebensretter erspart bleiben.

Gut zwei Wochen später erhielten wir die Nachricht: negativ. Es war kein passender Knochenmarkspender dabei. Überraschenderweise waren die Gewebemerkmale, die für Anja in Frage kämen, bei den Spendern aus der Oberpfalz sehr weit entfernt. Lediglich zwei Blutproben aus dem Raum Hirschaid wiesen bei der ersten Grobuntersuchung ähnliche Gewebestrukturen auf. Doch bei intensiverer Überprüfung waren auch hier die Abweichungen zu groß. Unsere Hoffnung platzte, aber es musste weitergehen.

Dass viele gerade bei der Typisierungsaktion in Oberviechtach unverrichteter Dinge nach Hause fahren mussten, zeigt das veröffentlichte Beispiel der Motorradfreunde aus Wernberg-Köblitz. Sie konnten leider am Aktionstag nicht spenden. Deshalb führten sie eine eigene Typisierung durch. 23 Mitglieder spendeten nicht nur ihr Blut, sie steuerten neben ihrer Blutspende auch 2.500 Mark bei.

Anjas Gesundheitszustand war stabil. Sie erhielt weiter alle zwei Wochen ihre Chemotherapie, die als Erhaltungstherapie anzusehen war. Anja sollte in einem möglichst stabilen Zustand sein, wenn die Nadel im Heuhaufen gefunden worden wäre.

Was dann in den nächsten Wochen passierte, war phänomenal. Wir wurden von einer Welle der Hilfsbereitschaft regelrecht überrollt. So viele Menschen wollten helfen, sei es durch Typisierungen und auch durch Geldspenden. Leider war das Thema Geld ein sehr wichtiges und zugleich trauriges Thema. Keine Krankenkasse übernimmt die Typisierungskosten – eine Typisierung kostet 100 DM –, deshalb müssen alle Auswertungskosten durch Spenden finanziert werden. Nun hatten wir ja durch die ersten Typisierungen schon 700.000 DM Kosten verursacht und wir wollten weitere Typisierungen forcieren.

Es war und ist unser Traum, dass jeder Patient, der einen geeigneten Knochenmarkspender benötigt, auch einen bekommt. Die Krankheit alleine ist schon schwer zu verkraften, das Warten auf

Hilfe macht mürbe. Niemand sollte diesem Warten ausgesetzt sein. Also mussten wir uns auf die Hinterfüße stellen, wir mussten noch mehr an die Öffentlichkeit gehen, auch wenn dies nicht unser Naturell war.

Wir mussten für Anja und alle anderen Patienten kämpfen.

Reinhard war fast jedes Wochenende mit unserem Freund Gerhard Lieberth mit einer selbst gemachten Stellwand unterwegs, um Leute über das Thema Knochenmarkspende aufzuklären. Wir haben schnell erkannt, dass viele Leute helfen wollten, aber Angst hatten. Viele denken immer noch, dass sie bei einer Knochenmarkspende vielleicht gelähmt werden könnten, da es ja angeblich vom Rückenmark genommen wird. Es kamen Horrorgeschichten auf, so meinte jemand sogar, es würde ein Teil des Knochens entnommen. Unsere erste Aufgabe war es, die Leute aufzuklären, wie wirklich Knochenmark (und nicht Rückenmark) entnommen wird. Durch die Aufklärung konnten wir diese Angst nehmen.

Durch verschiedene Berichte in der Tagespresse, in den Illustrierten, im Radio und sogar im Fernsehen verbreiteten sich unsere Aktionen sehr schnell. Für uns stand immer im Vordergrund, mitzuteilen, wie jeder Einzelne helfen kann. Berichte, in denen über das arme kranke Kind und die verzweifelte Familie berichtet wurde, machten uns oft nur wütend. Wir wollten und wollen kein Mitleid, damit ist niemandem geholfen. Oft standen auch liebe Menschen vor unserer Haustüre und wollten Anja etwas schenken. Dies mussten wir jedoch ablehnen. Uns ging es niemals darum, uns persönlich zu bereichern, uns war es nur wichtig, Typisierungen zu finanzieren.

In den nächsten Wochen und Monaten überschlugen sich die Ereignisse. So viele Menschen wollten durch Benefizaktionen helfen.

Besonders zu erwähnen ist das Engagement unseres Wahlheimatortes Rothensand mit seinen umliegenden Dörfern. Rothensand selbst ist eine Ortschaft mit 300 Einwohnern und hat durch viele Aktionen rund 40.000 DM gespendet.

Viele Privatleute, Firmen und Gönner haben direkt auf die Spendenkonten der Stefan-Morsch-Stiftung eingezahlt. Die Gemeinde verwaltete die extra für die Stefan-Morsch-Stiftung angelegten Konten, um einen gewissen Überblick zu haben. So konnten wir die jeweils exakten Kontostände der Spendengelder erfragen.

Es war oft nicht einfach, alle Termine unter einen Hut zu bekommen. Unsere beiden Kinder hatten immer Vorrang, dennoch versuchten wir auf möglichst vielen Spendenübergabeterminen anwesend zu sein. Diese persönlichen Gespräche waren für beide Seiten äußerst wichtig. Wir wollten persönlich Danke sagen und gleichzeitig für neue Typisierungen werben. Leider war es nicht immer möglich, persönlich vorbeizukommen.

Anja musste immer wieder zu Chemotherapien ins Krankenhaus. Die Chemotherapien und ihr hoch dosiertes Kortison waren dafür verantwortlich, dass Anja infektanfälliger war. Abhängig von ihren Blutwerten mussten wir aufpassen, dass sie sich keinen neuen Infekt einfängt. Dies musste bei der Terminplanung immer berücksichtigt werden. Bei vielen Helfern trafen wir hier auf Verständnis. Leider gab es auch Mitmenschen, die dafür überhaupt kein Verständnis hatten und verärgert auf uns reagierten. Ich glaube, sie konnten sich nicht vorstellen, wie schwierig dieser Spagat oft war.

Wir kamen oft an unsere psychischen Grenzen, vor allem wenn es wieder neue Komplikationen gab. Aus unerklärlichen Gründen hatte Anja wieder Fieber. Die Ärzte suchten mit Hochdruck nach der Ursache. Anja lag mit 41,5 Grad Fieber im Bett und musste die ganze Zeit erbrechen. Ich setzte mich neben sie und fing an zu weinen. Da legte sie sofort die Brechschale weg und sagte: »Schau, Mama, geht schon wieder besser.« Nun musste ich mich zwingen, nicht noch mehr zu weinen. Meine kleine Tochter mit ihren drei Jahren musste mich trösten ...

Anja ging es einigermaßen gut, sie musste inzwischen nur noch alle drei Wochen zur Chemotherapie in die Kinderklinik. Doch die Hamburger Ärzte drängten uns, relativ zügig einer Transplantation zuzustimmen, auch mit einem »schlechten« Spender, sprich einem Spender, der nur zum Teil übereinstimmt. Jeder Krankheitsschub konnte lebensbedrohlich werden.
Frau Prof. Dr. Janka-Schaub erklärte es uns wieder mit Bildern: »Wenn es brennt, springt man doch auch aus dem Fenster!«

Wir hatten lange schlaflose Nächte. Wir hatten Angst. Wir sahen unseren Kindern beim Spielen zu und wussten irgendwann, dass es für uns nur eine Entscheidung geben kann. Die Knochenmarktransplantation war schon risikoreich mit einem 100%igen Spender, aber welche Chance hatte sie denn mit einem nur 80%igen Spender?

Dieses Risiko konnten und wollten wir nicht eingehen. Wir konnten das Abenteuer Knochenmarktransplantation nur mit einem Erfolg versprechenden guten Spender eingehen. Würden wir einer Transplantation zustimmen, bei der Anja stirbt, hätten wir das Gefühl, wir wären für ihren Tod verantwortlich. Mit dieser Situation, da waren wir uns einig, konnten wir nicht leben. Sollte Anja aufgrund eines fehlenden Knochenmarkspenders sterben, dann war es Gottes Wille und wir mussten damit leben.

2012 sprachen wir mit Frau Prof. Dr. Janka-Schaub über diese Entscheidung. Sie meinte dazu, dass Anja bei dem damaligen medizinischen Stand und einer so schlechten Ausgangslage vermutlich gestorben wäre. Heute wissen wir, es war eine unserer härtesten Entscheidungen, aber es war die beste, die wir treffen konnten.

Der Kampf musste weitergehen. Viele weitere Typisierungsaktionen und Spendenübergaben folgten in den nächsten Wochen und Monaten.
Durch Familie Seyschab aus Forchheim, deren Tochter Lisa später selbst an einem Gehirntumor erkrankte, bekamen wir erneute Hilfe. So fand am 7. 11. 1999 unter der Schirmherrschaft von H. Andreas Schlund (1. Bürgermeister in Hirschaid) und Herrn Stumpf (1. Bürgermeister aus Forchheim) eine Typisierungsaktion im BRK Zentrum Forchheim statt. 1077 Freiwillige folgten diesem Aufruf und ließen sich typisieren.

Unterstützung erhielten wir auch durch den Internet-Werbefachmann Bernd, dessen 21-jährige Schwester kurz vorher gestorben war. Durch sein Fachwissen war nun auch die Aktion Anja online. Das Internet stand noch etwas in den Kinderschuhen, doch konnte man schon erahnen, dass dies die Plattform der Zukunft würde. Durch seine Hilfe war es möglich, dass Thema Typisierung im »World Wide Web« zu veröffentlichen.
Zur Weihnachtszeit lernten wir Frührentner Siggi Schick kennen. Er fertigte in tagelanger Kleinarbeit eine wunderschöne Krippe zum Verkauf an, dessen Erlös in unsere Aktion floss. Er und seine Frau mussten von einer kleinen Rente leben, ließen es sich aber nicht nehmen, uns mit vielen handgemachten Gegenständen zu unterstützen. Durch das Engagement hätte man fast denken können, Anja wäre ihre Enkeltochter.

Die nächste Typisierungsaktion wurde am 13. 02. 2000 in Neunburg v. Wald in der Grundschule gestartet. Im Vorfeld mussten wir uns in einer Krisensitzung mit dem Vorbereitungsteam von der Stefan-Morsch-Stiftung trennen. Da sich inzwischen fast

11.000 Personen für Anja hatten typisieren lassen, waren Kosten in Höhe von 1.100.000 DM verursacht worden. Erfreulicherweise konnten im Vorfeld 809.847,24 DM Spenden gesammelt werden. Für die Stefan-Morsch-Stiftung war aber inzwischen das Defizit schon heftig. Die Stiftung wollte uns helfen und sicherte uns zu, Typisierungskosten für 2.000 Leute zu übernehmen. Jeder weitere Spendenwillige müsste seine Typisierung selber finanzieren oder wieder heimgehen.

Wir hofften natürlich, dass gerade in Neunburg v. Wald, der Heimat meines Mannes, viele die Aktion unterstützen würden. So konnten wir das Risiko nicht eingehen, jemanden nach Hause zu schicken, der sich zwar typisieren lassen wollte, aber finanziell nicht in der Lage war, dies zu finanzieren.

Da es eigentlich egal ist, in welcher der deutschlandweit 29 Spenderdatenbanken jemand gespeichert ist, nahmen wir Kontakt mit der DKMS (Deutsche Knochenmarkspenderdatei) auf. Diese sicherte uns zu, jeden Freiwilligen aufzunehmen. So konnte weiter geplant werden.

Die Presse meinte es hier zu gut. Im Vorfeld wurde bereits ein Verkehrschaos befürchtet mit 8.000 bis 10.000 Personen. Die 200 ehrenamtlichen Helfer trugen zu einem phänomenalen Erfolg von 3.100 Blutspendern bei, unter ihnen auch Landwirtschafts-Staatssekretärin Marianne Deml. Es wurden 300 Kuchen verkauft und viele Spenden übergeben. An diesem Tag lernten wir auch den Polizisten Klaus Schraml kennen. Klaus Schraml hatte den Aufruf gelesen und wollte sich in Neunburg v. Wald alles ansehen, um in seiner Heimat in Wunsiedel auch eine Typisierungsaktion zu veranstalten. Diese sollte im April stattfinden.

Eine deutschlandweite Aktion startete die Siemens-Betriebskrankenkasse mit den betriebsärztlichen Dienststellen der

Siemens AG. Im Dezember hatte die SBK bereits in ihrem Kundenmagazin um Spenden für unsere Typisierungen aufgerufen. Nun wollte die Krankenkasse auch aktiv helfen. In der Zeit vom 13. März bis 16. April wurden jeweils montags bis mittwochs an verschiedenen Standorten Typisierungsaktionen angeboten. Auf vier Seiten wurde im Magazin ausführlich Aufklärungsarbeit geleistet. Zum Start der Aktion lud die SBK uns nach Erlangen ein. Öffentlich wurden in einer Podiumsdiskussion mit dem Erlanger Oberbürgermeister Dr. Siegfried Balleis Fragen hinsichtlich einer Knochenmarkspende beantwortet. Ich war bei der Diskussion so aufgeregt, hätte aber noch stundenlang über das Thema Typisierungen reden können. Leider haben wir nie erfahren, wie viele für diese deutschlandweite Aktion gespendet haben.

Durchschnaufen konnten wir nicht lange, denn schon am 2. April 2000 startete die von Klaus Schraml organisierte Typisierungsaktion in Wunsiedel. Dieser hatte im Vorfeld schon fleißig die Werbetrommel gerührt und konnte auf eine 10.000-DM-Spende von Schauspielerin Uschi Glas zählen. Diese ließ sich auch in München typisieren. Wirklich Hut ab vor dieser Frau, die sich so für ihre Mitmenschen einsetzt (sie hat sich auch Jahre später immer wieder nach dem Gesundheitszustand von Anja erkundigt). Nun, ich kann mich noch gut an das Gespräch mit H. Schraml erinnern, er meinte: «So viele Leute wie in Neunburg werden nicht kommen, aber jeder Einzelne zählt.» Es kamen am Ende 3.618 Leute – Wahnsinn!

Da mit einem solchen Ansturm nicht gerechnet wurde, mussten natürlich die Leute warten und sich in lange Schlangen einreihen. Dies schien aber kein Problem zu sein, alle warteten ruhig und entspannt. Es war wirklich Spitze!

Der anwesende Polizeipräsident traute seinen Augen nicht. Mit dieser Anteilnahme hatte auch er nicht gerechnet. Verblüfft muss-

te er sogar zugeben, dass er seine Menscheneinschätzung über-
denken müsse: »Da hat gerade ein wilder Punker sein Blut gespendet. Das ist ja schon super, aber die Krönung war, dass er
sogar seine Typisierung noch selber bezahlte! So kann man sich
in der Jugend täuschen, man sollte nicht nach dem Äußeren gehen.«

Die nächsten Aktionen ließen nicht lange auf sich warten. So fand
am 7. Mai 2000 eine Typisierungsaktion in Nürnberg, im Rahmen
des Frankenderbys, 1. FC Nürnberg – Greuther Fürth, am 8. Juli
2000 in Würzburg durch die Bayer. Bereitschaftspolizei, am 16.
Juli 2000 eine Typisierungsaktion in Schnaittenbach, am 22. Juli
2000 in Eslarn, am 3. September 2000 in Münchberg und im September eine Typisierungsaktion in Marktleugast statt.

Die Welle der Hilfsbereitschaft war wirklich enorm. Wenn ich
mir heute überlege, wie viele Menschen uns und somit auch den
vielen Patienten, die auf einen geeigneten Knochenmarkspender
warten, geholfen haben, ohne uns zu kennen, ist das schon ein
Wahnsinnsgefühl.

Ich glaube, dieses Gefühl hat uns all die Jahre getragen. Auch
mein Vater und unsere Geschwister mussten uns manchmal bei
offiziellen Scheckübergaben aus terminlichen Gründen unterstützen. Es ist schön, wenn man auf die Familie zählen kann.

Fußballfans des 1. FC Nürnberg traten in unser Leben

Eine besondere Wende sollte es in unserem Leben mit der
Hilfsbereitschaft des 1. FC Nürnberg-Fanclubs Red Army
geben. Eigentlich wollte dieser Fanclub mit dessen 1. Vorstand
Michael Sporrer unseren Aufruf finanziell mit 800 DM unterstüt-
zen. Aus dieser zuerst finanziellen Unterstützung entstand die
Typisierungsaktion am 07. Mai 2000 in Nürnberg. Wir lernten

Michael Sporrer und seine Familie kennen und erkannten sofort, diese Familie hat das Herz auf dem rechten Fleck, ihnen geht es wirklich um die Sache. So entstand zuerst die Aktion Clubfans helfen Anja und am 11. 11. 2000 erblickte der Verein »Hilfe für Anja e. V.« das Licht der Welt. Michael hatte wirklich Glück, in Uwe Dietrich, Gerald Redel und Wolfgang Nickl fähige Leute in der Vorstandschaft um sich zu haben, die ihm bei der Vereinsgründung halfen.

Im Januar 2000 erhielt Anja das letzte Mal einen Chemoblock. Anschließend nur noch hoch dosiertes Kortison bei Krankheitsschüben. Eigentlich sollte Anja noch Dauerantibiotikum bekommen. Nach drei Monaten setzte ich dieses Medikament auf eigene Verantwortung ab. Ich wusste, es war risikoreich, aber ich wollte Anja vor den Dauermedikamenten und den möglichen Nebenwirkungen schützen. Als das Medikament drei Wochen abgesetzt war, musste ich dies Dr. Glöckel beichten. Er war nicht sehr erfreut über mein eigenmächtiges Handeln, musste aber zugeben, dass es auch ohne geht. Seit September 2000 konnte Anja auch in den Kindergarten gehen. Durch die Medikamente war Anja infektionsanfälliger, da kam es uns sehr entgegen, dass Anjas Gruppe nur aus zehn Kindern bestand. Wie jedem 4-jährigen Mädchen tat ihr der Umgang mit gleichaltrigen Kindern sehr gut, auch wenn sie oft daheimbleiben musste. Im Jahr 2000 hatte Anja vier Krankheitsschübe. Man muss sich diese Krankheitsschübe vorstellen wie eine Woche Albtraum.

Anja geht es urplötzlich schlecht, sie bekommt sehr hohes Fieber und die Milz vergrößert sich. Inzwischen hatte ich vor 40 Grad Fieber keine Angst mehr, erst wenn es über 40,5 Grad Fieber ging, dann begann mein Herz zu flattern.
Nach ein paar Tagen Kortison ist alles wieder vorbei.

Anja war noch so klein, aber sie konnte etwas, was nur wenige können. Sie kann Menschen zueinander führen und zeigen, dass es in unserer doch oft gefühlskalten Welt noch echte Hilfe und Freundschaft gibt.

Bis zum Jahresende 2000 hatten sich **26.000** Menschen (!!!!) typisieren lassen und es wurden 1,6 Millionen DM an Spenden gesammelt. Und jeder Einzelne war wichtig für die vielen Patienten, die auf einen geeigneten Knochenmarkspender hoffen. Auch wenn für Anja nicht die Nadel im Heuhaufen dabei war, so ist vielleicht für einen anderen Patienten der passende Lebensretter dabei. Auch diese Gewissheit hilft, diese schwere Zeit durchzustehen.

Ende Januar 2001 veranstaltete der Zirkus Sarrasani eine Gala-Nacht mit Wolfgang Lippert, Michaela Merten, Chart-Sängerin Tanja Niethen, Joey Kelly mit seiner Verlobten Mäc Härder und anderen Stars. Der Ehrengast war der berühmte Clown Oleg Popov.

Zu dieser Zeit hatte Anja leider wieder einen schweren Krankheitsschub und musste stationär behandelt werden. Zu ihrer Freude jedoch besuchte sie der Zirkusdirektor Andre Sarrasani mit einem riesigen Tiger im Krankenhaus. Er spielte mit ihr das Spiel »Nanu, wo ist der Schuh?« Daran kann sich Anja heute noch erinnern. Die Gala-Nacht erbrachte einen Erlös von 11.200 DM.

Seit der Vereinsgründung von »Hilfe für Anja e. V.« am 11. 11. 2000 stellte sich Michael schützend vor uns. Er übernahm viele Termine und hatte immer neue Ideen. Für mich war und ist es immer wieder ein kleines Wunder, woher er diese schier unendliche Kraft und Ausdauer nimmt. Er war und ist für uns ein Segen. Ebenso müssen auch seine Frau Christine und die Töchter

Tanja und Katrin erwähnt werden, die zu jeder Zeit hinter ihm und der Hilfsaktion standen.

Nun hatten wir wieder etwas mehr Luft zum Atmen. Wir besuchten zwar immer noch viele Typisierungsaktionen und Spendenübergaben, aber hauptsächlich um unseren Heimatort Rothensand. Gerade 2001 fanden noch viele Typisierungsaktionen statt, die freiwillige Helfer alleine, ohne unsere Hilfe, nur mit Michaels Hilfe durchführten.
Litzendorf, Bamberg, Kulmbach, man könnte ganze Seiten füllen, überall wurden Aktionen für Anja und die vielen weiteren Patienten gemacht, die auf einen Spender warteten. Anja bewegte überall die Menschen.

Ich glaube, für uns waren auch die ganzen Typisierungen und Spendenaktionen Medizin für die Seele. Wir haben in dieser Zeit so viele nette Leute kennen gelernt und Freundschaften aufgebaut – das werden wir nie vergessen.

Anja hatte immer wieder in verschiedenen Abständen Krankheitsschübe. Kein Arzt konnte uns sagen, wodurch diese Schübe ausgelöst wurden. Immer wieder mussten die Ärzte zum Kortison greifen. Manchmal habe ich dieses Medikament verteufelt, aber auf der anderen Seite war ich dankbar, dass es diese Möglichkeit gab.

Wir versuchten, ein normales Leben aufzubauen. Matthias wurde am 11. September 2001 eingeschult und Reinhard versuchte weiter unseren Hausbau zu vollenden. Hausbau, stimmt, da war ja noch etwas? Komisch, wie sich die Sichtweise durch eine Krankheit verändern kann. Vor der Erkrankung von Anja hatten wir so viele Dinge und Arbeiten im Kopf, die Arbeiten am und im Haus mussten fertig werden.
Seit der Krankheit war vieles nicht mehr wichtig.

*Gesunde Menschen haben 1000 Wünsche –
ein kranker Mensch nur einen!*

Die Krankheitsschübe und die Blutkontrollen in der Kinderklinik waren stets unser Begleiter. Seit Anja nun 2 ½ Jahre alt ist, kennt sie fast nichts anderes. Die normalen Blutkontrollen in der Kinderklinik standen bei ihr immer an der Tagesordnung. Sobald sie Fieber hatte, und das kam sehr oft vor, mussten ihre Blutwerte

kontrolliert werden. Erst im Blutbild konnte man feststellen, ob es sich um eine banale Erkältung oder um einen Krankheitsschub handelte. Reinhard ist von Beruf Elektrotechniker und ich bin Steuerfachgehilfin, keiner hatte Ahnung von CRP, Thrombozyten, Leukozyten oder Kreatin. Langsam mussten wir uns dieses Wissen aber aneignen.

Bis im Frühjahr 2003 war unser Leben ein Auf und Ab. Im Hinterkopf wussten wir immer, dass es möglich war, dass Anja einen Krankheitsschub bekam, der nicht mit Kortison in den Griff zu bekommen war. Fakt war aber auch, dass der Krankheitsverlauf nicht normal war. In uns keimte oft die Hoffnung, vielleicht keine Knochenmarktransplantation zu benötigen.

Nun wurde Anja erst einmal am 9. September 2003 in die Grundschule Willersdorf eingeschult. Wir waren besorgt. Wie würde es werden, wenn Anja während der Schulzeit Schübe bekäme? Wie würde sie die Fehlzeiten wegstecken? Aber was war geschehen? Bis Herbst 2005 hatte sie keinen einzigen Schub.

Sollten wir doch um eine Transplantation herumkommen? Mir war immer noch der Satz von Frau Prof. Dr. Janka-Schaub im Ohr: Nein, an Wunder glaube sie nicht ...
Sollte doch ein Wunder geschehen sein?

Wir mussten jährlich zur Kontrolluntersuchung ins Universitätsklinikum Hamburg-Eppendorf. Da die Krankheit sehr selten war und noch in den Kinderschuhen steckte, kamen wir uns oft wie Versuchskaninchen vor. Anjas Fall war einzigartig, der Verlauf

der Erkrankung war in keine Schublade zu stecken. Auch für Frau Prof. Dr. Janka-Schaub gab der Verlauf Fragen auf. Wie geht es weiter? Sie musste sogar zugeben: »Vielleicht gibt es doch noch Wunder!« Wieder das Wort Wunder ...

Da die Chancen gut, ja sogar bestens standen, kein Knochenmark zu benötigen, wurde der weltweite Suchlauf vorerst auf Eis gelegt. In all den Jahren waren immer wieder die weltweiten Datenbanken durchforstet worden, ohne Erfolg. Und nun brauchen wir gar keinen Spender mehr – dachten wir! Tausende Gedanken rasten durch unsere Köpfe.

Während unseres Aufenthaltes in Hamburg hatten wir immer das Glück, im Ronald McDonald Haus übernachten zu dürfen. Diese Häuser gibt es deutschlandweit, sie befinden sich immer in der Nähe von Kliniken. Eltern oder Angehörige von schwerkranken Kindern haben so die Möglichkeit, während eines stationären Aufenthaltes ganz nah bei ihren Kindern zu sein. Sie werden sehr liebevoll geführt. Viele Ehrenamtliche helfen, damit wir Eltern etwas zur Ruhe kommen können. Jeden Donnerstag wurden wir von den ehrenamtlichen Helfern mit einem Abendessen und jeden Dienstag mit einem Frühstück verwöhnt. Für die Eltern ist dies wirklich sehr wichtig, etwas Kraft zu tanken vom anstrengenden Klinikalltag. Einfach zur Ruhe kommen und sich mit anderen Eltern austauschen.

Oft waren Familien monatelang im Ronald McDonald Haus. Wir hatten das Glück, nur zu ambulanten Terminen nach Hamburg fahren zu müssen. Unsere Kinder fühlten sich im Ronald McDonald Haus pudelwohl. Hier waren so viele Spielsachen, die zum Ausprobieren einluden. Wir fuhren nie großartig in Urlaub, da Anja (natürlich nicht absichtlich) es schaffte, krank zu werden, wenn wir etwas vorhatten. Deshalb hatten unsere Kinder während unseres Hamburgaufenthaltes das Gefühl, im Urlaub zu sein. Wir versuchten, je nach Gesundheitszustand von Anja, auch Hamburg etwas zu erkunden.

Wir wurden immer wieder gefragt, ja, braucht denn Anja noch einen Knochenmarkspender? Warum gibt es den Verein noch? Wie gesagt, auch die Ärzte konnten dies nicht beantworten. Wir waren trotzdem sehr dankbar, dass weiterhin Typisierungen veranstaltet wurden. Unser Traum sollte wahr werden. Jeder Patient sollte ohne nervenaufreibendes Warten einen passenden Knochenmarkspender finden. Dieser Gedanke ließ uns nie los, da sich der Verein »Hilfe für Anja e. V.« vor allem durch Michaels Bemühungen einen Namen machte.

Für Michael war es nie wichtig, Auszeichnungen verliehen zu bekommen, aber wenn jemand es verdient hat, dann er. Für seinen Einsatz erhielt er durch eine Datenbank die Auszeichnung »Hero des Jahres«, die Bundesverdienstmedaille und den Sozialpreis des Landkreises Neustadt/WN. Scherzhaft meinte er nur immer: »Die hätte ich alle mit offenen Armen genommen, wäre nur einer mit 10.000 Euro dotiert gewesen.«

Der 6. Dezember 2005 ist ein Tag, der sich besonders in unsere Erinnerungen eingeprägt hat. Am Morgen verunglückte der 14-jährige Sohn eines guten Bekannten. Wir standen vollkommen unter Schock, aber an diesem Tag noch nicht genug. Nachmittags fing Anja wieder mit starkem Fieber an. Der nächste Schub nach über zwei Jahren Pause war wieder im Anmarsch. Der Albtraum ging also weiter. Wir waren nach all den Schreckensmeldungen in den nächsten Wochen wie in Trance. Es ging wieder in die Klinik, alles begann von vorne.

So vergingen die Jahre in einer extremen Ungewissheit. In regelmäßigen Abständen wurden Blutkontrollen in der Kinderklinik Bamberg durchgeführt und jedes Jahr fuhren wir zur Kontrolluntersuchung nach Hamburg. Die Krankheitsschübe waren unser stetiger Begleiter. Diese kamen in unregelmäßigen Abständen und dank Kortison war meistens nach einer Woche alles wieder vorbei. Ohne Krankheitsschübe konnte man denken, Anja wäre ein gesundes Mädchen. Langsam hatten wir uns schon an dieses Leben gewöhnt und dachten, dass dies vermutlich das »normale« Leben von Anja sein würde. Kein Arzt konnte uns sagen, wie der weitere Verlauf sein würde.
So verging Jahr für Jahr, jeden Tag die Gewissheit, dass der nächste Schub tödlich enden könnte.

Höhen und Tiefen – ein Leben in Angst

Im Mai 2008 begann ich wieder, Teilzeit zu arbeiten. Durch die Erkrankung von Anja war dies ja am Anfang unmöglich gewesen. Bereits nach zwei Wochen hatte Anja schon wieder einen Krankheitsschub, aber durch das Verständnis meines Chefs konnte ich Krankheit, Krankenhaus und Arbeit unter einen Hut bringen.

Anja hatte natürlich viele Fehltage in der Schule. Aber auch hier fanden wir immer verständnisvolle Schulleiter, Lehrer und natürlich Mitschüler. Bereits 2007 wechselte Anja auf die Maria-Ward-Realschule in Bamberg.

Alles änderte sich ab November 2010. Die Krankheitsschübe wurden immer heftiger. Die Milz war extrem vergrößert und Anja musste aufpassen, dass sie sich keinen Milzriss zuzog. Anja hatte ein paar Jahre vorher mit einer Freundin begonnen, Karate zu lernen, dies war natürlich jetzt lebensgefährlich. Nun war sie wieder da, die Zeit, in der sie vieles krankheitsbedingt nicht mehr machen durfte. Für jeden Patienten eine grausame Zeit. Anja versuchte, so gut es ging, weiter in die Schule zu gehen, aber immer wieder waren sie da, die Krankheitsschübe.

Alarmiert waren inzwischen auch unsere Ärzte in Hamburg. Unser alljährlicher Kontrolltermin stand schon von Anfang an unter einem schlechten Stern. Wir konnten das erste Mal nicht im Ronald McDonald Haus übernachten und es regnete wie aus Eimern. Wir vergessen diesen Tag in Hamburg nicht. Es war der 15. August 2011 (normalerweise in Bayern ein Marienfeiertag) und Dr. Lehmberg, der Nachfolger von Frau Prof. Dr. Janka Schaub, eröffnete uns, dass sie durch die inzwischen immer heftigeren und in kürzeren Abständen kommenden Krankheitsschübe zu einer Knochenmarktransplantation raten würden. Wir sahen uns an – da war es wieder, dieses Wort, das wir am liebsten aus unserem Vokabular gestrichen hätten – der ganze Raum war still.

Plötzlich fragte Anja: »Wie hoch sind meine Überlebenschancen?« Dr. Lehmberg antworte, ohne zu zögern: »Cirka 70 Prozent.« Wieder war alles still.

Auf einmal hörten wir Dr. Lehmbergs Stimme: »Würden Sie bitte dieses Dokument unterschreiben, damit wir nach einem geeigneten Knochenmarkspender suchen können?« Wir unterschrieben und gingen. Uns gingen tausend Gedanken durch den Kopf. Wir hatten Angst, Angst um unser Kind.

Bereits 14 Tage später gab es keinen Zweifel mehr an der Entscheidung. Anja bekam wieder einen heftigen Krankheitsschub. Nun reichte die Gabe von Kortison schon nicht mehr aus. Jetzt bekam Anja bereits ein neues Medikament, CSA. Dieses sollte die Immunreaktion noch mehr einschränken.

Ein neues Schuljahr begann. Bereits am 3. Tag brach ein erneuter Schub aus. Dieser war aber so heftig, dass trotz einer äußerst massiven Dosis Kortison eine Verlegung in die Kinderkrebsstation nach Erlangen nötig war. Dort begann man gleich nach ein paar Tagen wieder mit einer Chemotherapie. Der schlimmste Moment für Anja war, als langsam die Haare auszufallen begannen. Schrecklich, gerade für so ein junges Mädchen – ein brutal einschneidendes Erlebnis.

Manchmal sprechen Bilder mehr als tausend Worte!

Nach 13 Jahren Warten der Anruf!

Wir waren so sehr mit Anja beschäftigt, dass wir keine Gedanken an Hamburg hatten. In all der Sorge um unsere Anja kam ein Anruf aus Hamburg:

»Frau Roith, wir sind glücklich. Wir haben einen Knochenmarkspender für Anja gefunden, einen 29-jährigen Portugiesen.« Ich konnte den Hörer gar nicht mehr auflegen, ich zitterte am ganzen Körper. Ich wusste nicht, soll ich mich freuen oder soll ich weinen? Nun würde es ernst. Vor 13 Jahren hatten wir sehnsüchtig auf diesen Anruf gewartet und nun, wo er endlich kam, fuhren meine Gefühle Achterbahn.

Aber es blieb gar nicht viel Zeit zum Nachdenken, denn plötzlich ging alles Schlag auf Schlag. Anfang November fanden bereits die Voruntersuchungen statt. Am 10. Dezember sollte die Transplantation stattfinden.

Doch auf einmal eine Info aus Portugal: Auf Wunsch der portugiesischen Spenderdatei sollte die Transplantation erst am 20. Dezember stattfinden. Warum, dies sagte uns keiner. »Hoffentlich zieht er sein Einverständnis nicht zurück!«

Wir erfuhren von Frau Amtsfelder, der Knochenmarkkoordinatorin, dass es möglich sei, dem Kurier, der das Knochenmark aus Portugal holt, einen Brief für unseren Spender mitzugeben. Anja setzte sich sofort hin. Doch was schreibt man jemandem, den man nicht kennt, der aber dein Leben rettet? Anja schrieb über sich selbst und über die Hoffnung, ihn einmal kennen zu lernen. Den Brief ließen wir ins Portugiesische übersetzen und legten noch eine kleine Geschenkschachtel, die beim Öffnen das Lied »The Wonder of Christmas Time« spielte, mit ein paar Pralinen bei. Für uns war es wirklich das Wunder der Weihnachtszeit. Der Spender wurde genau zum richtigen Zeitpunkt gefunden. Nach den letzten Monaten konnte man erahnen, dass es nun ohne passenden Knochenmarkspender sehr kritisch geworden wäre.

Wir arbeiteten einen Plan aus, wie wir abwechselnd bei Anja in der Klinik in Hamburg sein konnten. Anja sollte wie zu jeder Zeit ihrer Krankheit nicht alleine sein. Den Anfang machte Reinhard.

Abschied in eine ungewisse Zukunft

Es war ein komisches Gefühl, am Bahnhof zu stehen und sich von Anja und Reinhard zu verabschieden. Wir versuchten, nicht zu weinen, wie gesagt, wir versuchten es. ☹

Für die nächste Zeit nahmen wir uns vor, ein Tagebuch zu schreiben. Im Vorfeld hatten wir viel gelesen über die Knochenmarktransplantationen, deshalb wussten wir, es würde keine leichte Zeit werden. Was wir aber dann in den nächsten Wochen erleben mussten, daran hätten wir in unseren kühnsten Träumen nicht gedacht.

Die Ärzte zählten die Tage vor der Knochenmarkspende mit Minus. Der Tag der Spende war somit der Tag 0!

Es ging also mit Tag −8, dem 12. 12. 11, los. Frau Amtsfeld, die Knochenmarkkoordinatorin, begrüßte Anja und Reinhard: »Ihr seid aber zeitig da.« Ein Satz, den wir nicht oft hören, denn die Pünktlichsten sind wir noch nie gewesen.

Erst ging es durch die Schleusenkammer. Dort mussten die beiden Kittel, Überschuhe und Mundschutz anziehen. Nach einer kurzen Pause ging Anja in ein Zimmer, welches für die nächsten paar Tage ihr Zuhause werden sollte. Nach vielen Untersuchungen musste als Erstes die Internetverbindung von Anja in Betrieb genommen werden. Per Skype durften wir, die Daheimgebliebenen, auch alles hautnah miterleben. Schon hat sich auch der erste Besuch angekündigt. Regina und Leo kamen, die beiden sollten für uns wahre Engel werden.

Regina ist gebürtig aus Franken, die Schwester von Anjas Taufpatin und hat einen waschechten Hamburger, unseren Leo geheiratet. Die beiden sind ein tolles Team. Besuch ist generell schon auf der KMT-Station erlaubt, dieser muss natürlich auch Kittel, Mundschutz und Überschuhe tragen. Nur die Patienten müssen keine Schutzkleidung tragen.

Bereits am zweiten Tag begann das »Herunterfahren«, das heißt, Anjas Knochenmark musste komplett zerstört werden. Dies geschieht mit einer »Hammerchemotherapie«. Am Morgen hatte Anja kurz einen Schwächeanfall und dann kam die erste Chemotherapie. Anja war noch voller Elan. Aus unerklärlichen Gründen bekam sie heftigste Knie- und Fußgelenksbeschwerden, unter denen sie auch die nächsten paar Tage litt.

Anja hatte uns Eltern voll im Griff, sie wünschte sich zu Weihnachten so sehr ein neues Handy, ein Smartphone mit Handyvertrag. Natürlich wollten wir ihr diesen Wunsch erfüllen. Um aber die Spannung aufrechtzuerhalten, ließen wir sie im Glauben, dass wir uns zum jetzigen Zeitpunkt um so etwas keine Gedanken machten. Für Anja waren in diesem Fall alle Mittel recht. Deshalb schaffte sie es trotz heftigster Schmerzen zu fragen: »Papa, warum bekomme ich keinen Handyvertrag?« Anja wusste uns Eltern, vor allem ihren Papa, um den Finger zu wickeln.

Nun haben wir den Tag −5, Anja muss nun umziehen in ihr »neues Zuhause«, die Leukozyten beginnen auf 500 zu fallen. Anjas Zimmer ist sehr klein, es passen gerade ein Bett, Nachttisch und ein klappbarer Tisch mit zwei Stühlen rein. Daneben ist die Nasszelle mit Toilette, Waschbecken und Dusche. Im Schleusenzimmer befinden sich alle Infusionsgeräte, der Medikamentenbaum und einige Schränke für die Kleidung. Jetzt beginnt der so genannte Schleusenbetrieb. Es darf nur immer eine Türe geöffnet sein, die Flurtüre oder die Türe zu Anjas Zimmer.
Gegen die Gelenkschmerzen bekommt Anja Morphium. Die Chemotherapie und die gegebenen Antikörper zeigen ihre erste Wirkung mit Schüttelfrost und Fieber. Die Blutwerte gehen nach unten, die ersten zwei Beutel Blut werden eingehängt. In den nächsten Tagen geht es Anja trotz Chemotherapie relativ gut. Sie verbringt den Tag mit Skypen und Skipbo-Spielen. Gegen Anja hat Reinhard beim Kartenspielen keine Chance. In dieser Zeit wurde viel für Anja gebetet. Wir hatten das Gefühl, dass Anja in dieser schweren Zeit durch die Gebete getragen wurde.

Ab dem Tag −2 änderte sich alles; die Brechschale war Anjas ständiger Begleiter, sie hatte Durchfall, konnte nichts mehr essen, ihr war ständig kalt und sie war nur noch müde und schlapp.

Die Wochen der Entscheidung über Leben und Tod

Nun kam der Tag 0, der Tag der Knochenmarkspende. Heute sollte Anja ihr neues Knochenmark erhalten, doch es zog sich alles in die Länge. Wir wussten nicht, wann genau der Kurier kommen sollte. Laut unserer Information sollte es am Vormittag entnommen werden und am Nachmittag nach Hamburg gebracht werden. Anja aß zur Feier des Tages drei ganze Nudeln, sonst verbrachte sie den Tag mit Übelkeit, Durchfall und Erbrechen. Dank der inzwischen dauernden Gabe von Morphium hatte Anja keine Schmerzen. Der Medikamentenbaum war immer gut gefüllt mit Medikamenten, so liefen oft 13 Medikamente gleichzeitig. Dies war vor allem möglich durch den Zentralkatheter, der drei Zugänge hatte. Zur Feier des Tages kam auch Frau Prof. Dr. Janka-Schaub vorbei. Sie erzählte, dass Anja die älteste transplantierte Patientin mit HLH sei.

In Schnaid (unserer Heimatpfarrkirche) fand immer dienstags ein Gottesdienst statt. Heute wollte Pfarrer Steffel vor allem für Anja beten. Ich wusste, dass er sie an diesem denkwürdigen Tag mit ins Gebet nahm, deshalb setzte ich mich schon in die letzte Reihe unserer Kirche. Ich rechnete jedoch nicht damit, dass Pfarrer Steffel während des Gebetes im Gottesdienst zu mir nach hinten kommen und mich in den Arm nehmen würde. Ich glaube, die ganze Gottesdienstgemeinde konnte nur noch weinen. Oft werde ich noch auf diese emotionale Situation angesprochen.

Ab dem Nachmittag war ich mit Anja und Reinhard über Skype verbunden. Reinhard hatte Sekt und ein paar Plätzchen besorgt, er wollte diesen Tag besonders würdevoll begehen. Regina und Leo kamen natürlich auch, denn beide wollten an diesem besonderen Tag an Anjas und Reinhards Seite stehen. Der Kurier kam aber nicht, Nervosität machte sich breit. Regina und Leo fuhren wieder heim (sie wohnen nur 20 Minuten entfernt vom UKE). Reinhard sollte sie informieren, wenn der Kurier käme.

Michael war mittlerweile auch aus dem Stadion zu Hause angekommen (es war heute das große Frankenderby gegen den Nachbarn aus Fürth) und mit mir via Skype, SMS oder Telefon im Dauerkontakt. Manchmal hatte ich das Gefühl, er war aufgeregter als ich. Langsam machte ich mir Sorgen, ob nicht mit dem Spender oder dem Kurier etwas passiert sein könnte. Mir schossen immer wildere Gedanken durch den Kopf: »Was ist, wenn mit dem Spender oder dem Kurier etwas passiert ist? Vielleicht auch auf dem Weg vom Flughafen zum UKE.«

Das Telefon klingelte wieder, aus Michael schoss es gleich wie aus der Pistole heraus: »Um 23.30 Uhr landet noch ein Flieger aus Lissabon!« Auf die Idee, nach Flugzeiten zu schauen, wäre ich gar nicht gekommen. Und tatsächlich, das war die richtige Maschine. Reinhard rief Regina und Leo an und holte den Sekt und die Plätzchen. Um 0.27 Uhr am 21. Dezember 2011 war es so weit, Anja bekam neues Knochenmark, neues Leben – es war ihr neuer, 2. Geburtstag. Die Transplantation ist so unspektakulär; sie verläuft wie eine Bluttransfusion, aber sie bedeutet doch so viel mehr. Nun hatte Anja einen portugiesischen Zwillingsbruder und die Chance auf ein neues Leben.

Die diensthabende Ärztin war etwas verdutzt, aber hocherfreut, als sie aufgefordert wurde, mit auf den neuen Geburtstag anzustoßen. Sie meinte, viele sähen hier gar nicht das besondere Ereignis, sondern einfach nur eine Bluttransfusion. Für uns war es der Beginn eines neuen Lebens.

Der Anfang war gemacht. Ich war mir sicher, auch in Portugal gab es jemanden, der sich große Gedanken machte, was mit Anja passierte. Regina hatte Anja ein Geburtstagsgeschenk mitgebracht, eine Geburtstagskerze – ein batteriebetriebenes Teelicht, da eine echte Kerze verboten war, und eine Nagelfeile mit der Aufschrift »Das packst Du«.

Reinhard war so aufgewühlt und konnte nicht schlafen. Gegen 2.30 Uhr sah er, dass Michael noch in Skype online war, und klopfte bei ihm an. Reinhard konnte sich gar nicht vorstellen, welche Freude er Michael damit machte. Michael war nun live dabei, wie Anja ihr neues Leben bekam. Dieses Gefühl kann ihm niemand mehr nehmen. Ein Außenstehender, der nichts damit zu tun hat, kann sich nicht vorstellen, was dieser Tag für uns alle bedeutete. Nun hieß es beten – beten, dass die Zellen anwachsen.

Bereits am nächsten Tag +1 bekam Anja das von ihr so gefürchtete MTX. Im Vorfeld wurde uns schon gesagt, dass es die Schleimhäute extrem angreift. Es ist aber ein sehr wichtiges Mittel, es soll Gegenreaktionen des neuen Knochenmarks verhindern. Es hat nicht lange gedauert, dann merkte Anja auch schon die ersten Probleme. Inzwischen bekam Anja gegen die Schmerzen nicht mehr Morphium, sondern Palladon, ein stärkeres Schmerzmittel.

Am Tag +3 war Heiligabend, nun kamen Matthias und ich nach Hamburg. Die nächsten zwei Wochen waren wir alle vereint in Hamburg. Wer wollte nicht schon immer Weihnachten auf einer KMT-Station verbringen? Unsere Koffer waren voller Geschenke, von uns und auch von vielen Bekannten.

Anja war inzwischen so schwach, dass wir beschlossen, ihr die Geschenke auf Etappen zu geben. Aber ein Geschenk musste sie natürlich aufmachen, das Geschenk mit ihrem Handy. Dieses Strahlen werde ich nie vergessen. Dass Anja nun ihr heißersehntes Handy bekommen hatte, wusste innerhalb weniger Stunden die ganze Station. Matthias wich nicht von Anjas Seite. Anja kämpfte mit extremem Durchfall, Brechreiz und hatte Schüttelfrost. Inzwischen waren zwei Wärmflaschen ihre liebsten Begleiter. Noch immer bekam sie MTX. Die Schleimhäute waren schon sehr angegriffen, die Füße brannten, das Gesäß schmerzte und der

Rücken tat weh. Anjas Leukos waren immer noch auf 0, also ohne Immunsystem. Sie war momentan allen Bakterien und Viren ausgesetzt. PD Dr. Müller, Anjas verantwortlicher Arzt für die Transplantation, brachte den Vergleich, dass Anja sich immer noch auf »hoher See« befinde. Nun stellte sich auch noch Husten ein. Sofort bekam sie Antibiotikum, die Bluttransfusionen waren inzwischen schon an der Tagesordnung.

Inzwischen sind wir bei Tag +7 angekommen, Anja fiebert. Das alltägliche Ritualduschen, Eincremen (Haut ist extrem empfindlich) wird immer beschwerlicher. Anja bekommt zusätzlich Sauerstoff. Sie friert, man hört sogar das Klappern der Zähne.

Das große Drama nahm seinen Lauf

Tag +9, der 30. Dezember 2011: Reinhard hat heute Geburtstag, er schreibt in sein Tagebuch: »Noch ist es leicht bewölkt, es könnte ein schöner Tag werden!«

Gegen 10.30 Uhr bekommt Anja Nasenbluten, das ist in diesem Stadium nichts Ungewöhnliches. Es funktioniert ja keine Blutbildung. Aber das Nasenbluten wollte nicht mehr aufhören. Die Schwester holte die Stationsärztin, diese wiederum eine HNO-Ärztin. Es war eine Ader geplatzt, sie versuchte diese zu veröden, dies gelang ihr aber nicht. Sie rief einen erfahrenen HNO-Kollegen per Handy an, er solle sofort kommen.

Inzwischen hatte die Stationsärztin den Oberarzt Herrn PD Dr. Müller informiert. Dieser funkte sofort über Handy Oberarzt Dr. Blohm von der Kinderintensivstation an. So standen innerhalb weniger Minuten sechs Ärzte und vier Schwestern in Anjas kleinem Zimmer. Reinhard und Matthias wurden aus dem Zimmer verwiesen, nur ich durfte bei Anja bleiben. Ich war schon bei so vielen Untersuchungen dabei und ich behaupte, ich kann viel sehen, aber hier kam ich an meine Grenzen. Aus Anjas Nase kam das Blut in Klumpenform (Blutkoagel). So etwas hatte ich noch nie gesehen. Sie musste immer wieder Blut spucken, dabei hat sie kaum noch Luft bekommen, sie hat nur noch gestammelt: »Ich kann nicht mehr, ich kann nicht mehr.« Sie drohte zu ersticken. Die Situation spitzte sich so dramatisch zu, dass die Ärzte mich nun auch aus dem Zimmer schickten.

Dieses Bild und die Augen von Anja werde ich nie mehr vergessen. Es war das Grausamste, was ich in meinem Leben erleben musste.

Mir schoss es durch den Kopf: »Ich muss gehen und mein Kind stirbt!« Ich wollte sie nicht alleine lassen, aber die Ärzte bestanden darauf. Man würde am liebsten schreien, aber man muss funktionieren – Anja zuliebe! Diese Situation ist kaum noch zu ertragen, man wird durchtrieben von panischen Angstgefühlen.

Wir saßen nun alle tränenüberströmt vor dem Zimmer und wussten nicht, was hinter der Türe passierte. Wir wussten nur, dass sechs Ärzte um das Leben unserer Tochter kämpften und die Lage sehr angespannt war. Ich schickte immer und immer wieder ein Gebet zum Himmel: »Lieber Gott, lass Anja nicht sterben, bitte nimm uns unser Kind nicht!«

Endlich, nach einer gefühlten Ewigkeit, kam PD Dr. Müller erschöpft aus Anjas Zimmer. Er streckte den Daumen nach oben, Anja lebte und hatte die lebensbedrohliche Situation überstanden. Er erklärte uns, dass der erfahrene Dr. Blohm von der Kinderintensivstation Anja intubiert hatte. Dies war nicht ganz so einfach, da ein weiteres Blutgefäß verletzt wurde und viel pulsierendes Blut strömte. Ohne diese sofortige Intubation wäre Anja gestorben. Er hatte so etwas noch nicht erlebt. Sie musste Blut geschluckt haben, das in die Lunge gekommen ist. Nun hatte Anja schon wieder zwei Lebensretter; PD Dr. Müller, der sofort fähige Hilfe geholt hatte, und Dr. Blohm, der richtig gehandelt hatte. Dieses Zusammenspiel hat wirklich super funktioniert.

Anja wurde nun ins künstliche Koma gelegt. Dazu musste sie beatmet werden, dies war aber auf der KMT-Station nicht möglich. Anja wurde in die Kinderintensivstation verlegt. Sie musste ihre geschützte, keimarme Zelle verlassen und war nun ohne jeglichen Schutz. Anja ist eine Kämpferin, sie kämpfte sogar gegen die Beatmungsmaschine, sie hat einen eisernen Willen. Wir erlebten die schlimmsten Stunden, immer zwischen Hoffen und Bangen.

Am Neujahrstag sollte Anja aus dem Koma geholt werden. Damit sie keine Folgeschäden bekäme, war es wichtig, dass Anja bald aus dem Koma geholt würde. Die ersten Leukozyten konnten jeden Tag kommen. Sollte Anja in dieser Zeit noch im Koma sein, könnte Anja eine Lungenschädigung bekommen.
Der HNO-Arzt versuchte die Tamponade vorsichtig aus der Nase zu ziehen, aber es blutete zu sehr. Es war noch zu früh, Anja aus dem Koma zu holen.

Um Anja zu entlasten, bekam sie eine neue Matratze, die ihre Druckpunkte veränderte, denn inzwischen war sie schon recht wund. Erst jetzt sahen wir, welche Schäden das MTX an den Schleimhäuten angerichtet hatte. Sie hatte ein offenes Gesäß, man sah fast nur noch offenes Fleisch. Die Schwestern versuchten mit Liebe die Wunden zu pflegen, für Anja müssen dies wahnsinnige Schmerzen gewesen sein. Ach ja, es war eigentlich Silvester, der Tag, an dem sich die ganze Welt auf Feiern einstellte. Uns war definitiv nicht nach Feiern zumute. Wir harrten den ganzen Tag an Anjas Krankenbett.

In unserem Tagebuch steht:

Tag +11: Heute ist Neujahr 2012 – hoffentlich ein wirklich gesundes Jahr.

Leider konnte Anja noch nicht aus dem Koma geholt werden, die HNO-Ärztin fand immer noch Blutkoagel. Sie versuchte diese abzusaugen.

Tag + 13: Gestern gegen 11.50 Uhr wurde mit dem Aufwachvorgang begonnen. Durch die sehr hohen Dosen von Narkosemittel dauert es länger, bis Anja wach wird, länger als geplant. Anja ist immer noch nicht richtig wach. Sie quält vor allem der viele Schleim. Sie ist aktuell sehr gefährdet, eine Lungenentzündung zu bekommen, deshalb soll Anja eine Sauerstoffmaske tragen, die die Lunge weitet.

Auch am nächsten Tag ist Anja noch nicht richtig wach, sie registriert uns aber. Dies wollten wir Matthias mitteilen, hatten aber kein Handy dabei. Da fiel uns ein, wir hatten ja Anjas Handy hier, doch wir wussten ihren Zugangscode nicht. Wir redeten an ihrem Bett darüber, plötzlich kam ihre Hand unter der Decke hervor. Anja wollte uns etwas mitteilen, reden konnte sie nicht, dazu war sie zu schwach, aber sie versuchte uns den Code per Handzeichen mitzuteilen. So ist unsere Anja; wenn du verzweifelt bist, sendet sie ein positives Signal.

Am Nachmittag kamen gleich drei Oberärzte ins Zimmer. Das ist meist ein schlechtes Zeichen und ich sollte Recht haben. Anja hatte Fieber, der Blutdruck und die Entzündungswerte waren viel zu hoch, sie konnten sich nicht erklären, woher dies kam. In der Akte lasen wir: CRP (Entzündungswert) lebensgefährlich.
Erschwerend kamen nun auch die Entzugserscheinungen des Narkosemittels hinzu. Anja sah einen großen Sternenhimmel mit einem lieben großen, grünen Monster. Ich musste nun schon etwas

schmunzeln, machte mir aber keine Sorgen, da Anja einen sehr entspannten Eindruck machte.

Nun haben wir Tag +15, Anjas Fieber und auch der Entzündungswert fallen, langsam kann sich Anja, wenn auch nur für kurze Zeit, auf die Bettkante setzen. Anja versucht sogar eine Nudel zu essen, sie weiß nur nicht, ob sie auf der Nudel kaut oder ob sie Schleimfetzen im Mund hat. Noch immer hat sie große Probleme mit den kaputten Schleimhäuten. Heute kommt Hannah mit ins Zimmer der Intensivstation, ein 16-jähriges Mädchen mit einem Gehirntumor. Zwischen den beiden sollte sich später noch eine wunderschöne Freundschaft entwickeln.

Das Schlimmste hat Anja überstanden

Noch immer trägt Anja ihre Sauerstoffmaske. Dies war enorm wichtig, wie sich später herausstellte. Anja hatte doch eine Lungenentzündung. Immer noch gibt es keine Anzeichen, wann die Leukozyten kommen, sie ist immer noch allen Bakterien und Viren schutzlos ausgeliefert. Morgen fahren Reinhard und Matthias wieder heim, dann bin ich alleine in Hamburg. Es war gut, dass wir in dieser schweren Zeit alle in Hamburg waren. Matthias wich in dieser Zeit nicht von Anjas Seite.

Tag +19: Anja wird heute auf ein Einzelzimmer mit Schleusenfunktion auf der Kinderkrebsstation Kinder 1 verlegt. Schon wieder ein Transport ohne jegliche Abwehrkräfte. Die Kinderintensivstation war überfüllt, wir mussten den Platz räumen. Wir packten gerade alles zusammen, als PD Dr. Müller ins Zimmer kam, mit der »weltbesten« Nachricht:
200 Leukozyten festgestellt am 09. 01. 2012 um 11.48 Uhr.
Die nächsten Tage waren geprägt von Krankengymnastik und Bluttransfusionen. Wir bekamen eine Einweisung hinsichtlich der neuen Esssituation von Anja. Anja durfte sich die nächsten Mona-

te nur noch keimfrei ernähren, das heißt, alle Speisen mussten abgekocht sein. Anja hatte immer noch keinen Hunger; wenn sie zum Frühstück ein halbes gekochtes Ei aß, war das schon eine ganze Menge. Sie musste immer noch mit Übelkeit kämpfen. Ihr ständiger Begleiter war weiterhin die Brechschale.

Tag +24: Anja ist schlapp, müde und hat wieder extreme Wassereinlagerungen, vor allem um die Augen. Die Leukozyten sind heute bei 500, sie steigen sehr langsam. Schüttelfrost stellt sich ein als Reaktion auf die Bluttransfusion (Thrombozyten), doch heute nimmt Anja alles etwas lockerer, denn Papa und Michael kommen.

Michael hat ein Geschenk mitgebracht, einen digitalen Bilderrahmen mit vielen Bildern. Ablenkung ist für Anja besonders wichtig, auch wenn sie sich schwer aufraffen kann. Sie hatte zu gar nichts Lust, sie wollte kein Handy und keinen Laptop.

Im Ronald McDonald Haus haben Michael und Reinhard die 6-jährige Maike kennengelernt. Sie wird Knochenmark spenden für ihre vier Monate alte Schwester Charlotte, die ebenfalls an HLH erkrankt ist. Reinhard ist mit Michael nach Hamburg gefahren und ich hatte das Vergnügen, mit Michael am nächsten Tag wieder heimzufahren. Ich glaube, Michael ist schon sehr erschrocken, als er Anja gesehen hat, immer noch sehr aufgeschwollen, richtig erschöpft und ohne Elan.

Tag +28: Seit Tagen hat sich nichts Wesentliches geändert. Anja ist inzwischen in einem 2-Bett-Zimmer untergebracht. Ihre ständigen Begleiter sind immer noch die Übelkeit und die Brechschale. Die Leukozyten sind dank eines Medikamentes inzwischen auf 1.800 gestiegen, deshalb darf sie heute das erste Mal über die Außentüre zur wenige Meter entfernten Krankengymnastin gehen. Kaum ist sie zurück, bekommt sie auch schon wieder Schüttelfrost und der Blutdruck spielt verrückt. Sorgen machen im Moment etwas die Nieren, die auf Höchstleistung arbeiten. Aber wie sagte PD Dr. Müller: »Jeder Tag ist ein gewonnener Tag.«

Tag + 31: Reinhard fährt wieder heim und ich verbringe die restliche Zeit bei Anja in Hamburg. Anja hat nun schon ein paar Tage Temperatur. Sie schläft fast die ganze Zeit und hat zu nichts Lust. Gott sei Dank besuchen uns jeden Tag Regina und Leo. Ohne diese beiden hätten wir diese und die kommende Zeit sehr schwer durchgehalten. Anja war so lustlos und sie hatte keine Kraft. Wie denn auch? Sie hat fast nichts gegessen, inzwischen waren zehn Nudeln oder ein halbes Toastbrot schon eine Seltenheit. Anja liebt die liebevolle Fuß- und Kopfmassage von Regina, was ich gut verstehen kann.

Tag +33: Langsam ist das Fieber weg. Anja schläft nur noch. Anhand der Blutwerte ist klar, Anja braucht wieder Blut, aber die Ärzte merken auch, dass Anja langsam ein psychisches Problem hat. Seit fast zwei Monaten ist sie »eingesperrt« und an einer Infusionsleitung »angekettet«. Die Ärzte ordnen an, dass Anja am Tage nicht an eine Infusion »angestöpselt« werden muss, wenn sie genügend trinkt. Seit langem konnte man Anja wieder strahlen sehen.

Am nächsten Tag traute ich meinen Ohren nicht. PD Dr. Müller erlaubte Anja einen »Freigang«. Für Anja war klar, sie möchte ins Ronald McDonald Haus. Ich rief sofort Reinhard an, dieser war gleich so aufgeregt und wollte es gleich der ganzen Welt erzählen.

Wir fuhren mit unserem Porsche, einem tollen Rollstuhl, mit Mundschutz und dicker Winterkleidung ins Ronald McDonald Haus. Die Mitarbeiter machten vielleicht große Augen. Es war ein richtiger Glückstag. Anja ging ins Zimmer und nahm seit Wochen das erste Mal ihren Laptop und postete in Facebook: »Endlich für ein paar Stunden draußen.«

Als wir gegen Abend wieder in der Klinik ankamen, überschlugen sich die Ereignisse. Wir erfuhren, dass wir am nächsten Tag entlassen würden. »Entlassen« heißt in diesem Fall, dass Anja im Ronald McDonald Haus wohnen kann und wir je nach Gesundheitszustand von Anja jeden Tag oder alle zwei Tage zur Kontrolle bzw. zur Bluttransfusion in die Klinik gehen. Wir waren erst mal sprachlos, aber freuten uns riesig und packten eilig unsere Sachen, bevor sich jemand das nochmals anders überlegte. Zur Feier des Tages wurde am Abend mit Sekt angestoßen. Am nächsten Tag wollten wir so schnell wie möglich aus der Klinik raus.

Die Achterbahnfahrt ging aber weiter

Am nächsten Tag stand jedoch wieder alles auf Sturm. Anja musste den ganzen Vormittag erbrechen. Nun war es fraglich, ob Anja entlassen wird. Anhand des medizinischen Zustandes müsste Anja in der Klinik bleiben, ausgehend vom seelischen Zustand musste Anja entlassen werden. Die Entscheidung war bestimmt nicht einfach, aber durch die Einquartierung im Ronald McDonald Haus waren wir ja kliniknah. Die Blutwerte wurden noch einmal kontrolliert und dann ging es am Tag +35 in die Freiheit. Zuvor musste ich in die Apotheke und die vielen Medikamente holen. Regina meinte mit einem Blick auf den Medikamentenplan, dass dies doch Wahnsinn sei.

Nun lag die Verantwortung also bei mir. Anja war immer noch sehr empfindlich auf Viren und Bakterien, deshalb musste ich auf vieles achten. Anjas Bettwäsche musste alle zwei Tage, ihre Anziehsachen jeden Tag gewechselt werden, das Zimmer musste frei von Staub sein und auf die keimfreie Kost musste geachtet werden.

Die nächsten Tage waren geprägt von vielen Stunden im Wartebereich der Ambulanz der Kinderonkologiestation. Anja drohte in ein tiefes Loch zu fallen, am liebsten wäre sie im Bett geblieben und hätte die Bettdecke über sich gezogen. Der medizinische Dienst organisierte einen Schminktermin in einem Friseurgeschäft im UKE. Trotz Freude über diese Aktion überwog wieder eine depressive Stimmung. Zu allem Überfluss wollte sich auch die Übelkeit nicht bessern. Ohne Brechschale konnte Anja sich gar nicht bewegen, so sollte es auch bei der Kosmetikerin sein. Kaum begann sie zu schminken, musste Anja schon wieder erbrechen. Es war wie verhext. Regina und Leo versuchten auch alles Mögliche, um sie etwas aufzuheitern und ihr eine Freude zu machen. Aber ihr war alles zu viel. Anja war nur depressiv. Ich fühlte mich so hilflos wie noch nie zuvor. Etwas aufgeheitert wurde Anja vom kleinen Simon, der mit seiner Mutter Antje hier war. Simon war 2 ½ Jahre alt und wartete auf eine Niere. In der Zeit im Ronald McDonald Haus haben wir so viele nette Leute mit vielen Schicksalen kennen gelernt. Alle versuchten, Anja etwas bei Laune zu halten, und das, obwohl sie selber alle viele Sorgen mit sich trugen. Aber das ist das Ronald McDonald Haus: »Einer für alle, alle für einen!«

Anjas Werte besserten sich langsam, Sorgen machte PD Dr. Müller etwas der Nierenwert. Die Bluttransfusionen wurden langsam weniger – Gott sei Dank! Wieder merkten die Ärzte, dass der Gemütszustand von Anja aufgemuntert werden muss. Wir dürfen heim, juhu!

Endlich nach Hause

Einen Tag vor der Heimfahrt hustete Anja extrem stark. Gott sei Dank durften wir trotzdem heim. Anja war so glücklich. Am 21. Februar 2012 (Tag +62) müssen wir uns von vielen lieben Menschen verabschieden. Dennoch überwiegt die Freude, endlich nach Hause zu fahren. Man hätte denken können, wir veranstalten einen Umzug, aber nach 2 ½ Monaten kommt schon einiges zusammen.

In Rothensand wurden wir schon sehnsüchtig erwartet. Kurz vor 21.00 Uhr erreichten wir unser Zuhause. Matthias hatte sich richtig Mühe gegeben: Im Hof war aus Teelichtern ein Herz geformt, ein Banner hing über der gesamten Garage mit der Aufschrift »Herzlich willkommen, Anja«, mit zwei Lichterschläuchen wurde ein Spalier zur Treppe gebildet und liebe Freunde (Elisabeth, Gerhard, Christoph, Rainer, Michaela, Julia, Doris und Georg) empfingen uns. ENDLICH DAHEIM!

Unsere Wohnung schaute sehr leer aus. Anja durfte keinen Kontakt zu Schimmelpilzen haben, deshalb mussten alle Blumenstöcke und Teppiche aus der Wohnung entfernt werden.
Bereits am nächsten Tag ging es wieder in »unsere« Kinderklinik Bamberg. Zu unserer Freude wurde Anja auch hier mit einem Banner und Luftballons »Herzlich willkommen« geheißen. Alle waren froh, Anja wiederzusehen. Anjas Blutbild hatte sich schon wieder verschlechtert, deshalb wurde für den nächsten Tag eine Bluttransfusion angeordnet.

In den nächsten Wochen fuhren wir fast täglich in die Kinderklinik. Ich war froh, dass Dr. Glöckel die Spülung des Zentralkatheters übernahm, denn so steril hätte ich dies daheim allein nie machen können.

So vergingen die nächsten Wochen. Unser Leben war geprägt von Zentralkatheter-Spülen, Bluttransfusionen und auch einigen Virusinfektionen. Anjas Übelkeit besserte sich endlich. Erschreckend war für mich die Aussage von Anja Anfang März: »Mama, ich würde mich nicht noch einmal transplantieren lassen, lieber würde ich mit den Schüben leben oder sterben!« Als Mutter weißt du gar nicht, wie du auf solch eine Aussage reagieren sollst. Nach der »Hölle« konnte ich Anja ein bisschen verstehen. Aber wer nicht wagt, der nicht gewinnt.

Es ging wieder nach Hamburg

Die nächsten Wochen waren weiter geprägt von vielen Auf und Abs. Anfang April: Tag + 105 fuhren wir wieder nach Hamburg zu einer planmäßigen Kontrolle. Wieder standen viele, viele Untersuchungen auf dem Plan. Ganz oben stand auf dem Fragezettel an PD Dr. Müller, wie lange Anja sich noch keimfrei ernähren musste. Anja wollte unbedingt wieder einen Döner essen, bisher war dies strengstens verboten. Anja bekam endlich grünes Licht. Sofort rief sie Leo an, wo denn der nächste Dönerstand sei. So kenne ich meine Anja; wenn sie sich etwas in den Kopf gesetzt hat, dann setzt sie dies auch durch.

Ende Mai wurde der Zentralkatheter wieder entfernt, nun konnte Anja auch wieder baden. Die Blutwerte verbesserten sich zwar langsam, aber stetig. Langsam verlief unser Leben wieder in normalen Bahnen, deshalb war es auch an der Zeit, wieder an die Schule zu denken. Bei einem Krankheitsverlauf wie bei Anja muss nach Möglichkeit die letztbesuchte Schule Lehrer für einen Unterricht, der zu Hause stattfindet, zur Verfügung stellen. Anja hatte Glück, ihre Hauptfachlehrer stellten sich zur Verfügung. So standen jede Woche je eine Stunde Deutsch, Mathe, Englisch und BWL auf ihrem Stundenplan. Natürlich konnte in diesen paar Stunden nicht der Schulstoff des ganzen Schuljahrs nachgeholt werden. Da Anja im ganzen Schuljahr nur an drei Schultagen in der Schule gewesen ist, war klar, dass sie die neunte Klasse »wiederholt«.

Der nächste Kontrolltermin Anfang Juli in Hamburg verlief auch ohne größere Komplikationen. Nun stand nichts mehr im Wege; Anja konnte im September in den normalen Schulbetrieb starten. Vor dem ersten Schultag hatte Anja große Angst. Sie wusste nicht, wie ihre »neuen« Klassenkameradinnen sie aufnehmen würden. Diese Angst verflog jedoch recht schnell, sie wurde großartig in die Klassengemeinschaft integriert.

Ein Besuch, der uns sprachlos machte

Mitte November kam uns Michael mit seiner Familie und seiner guten Bekannten Daniela besuchen. Ich spürte schon im Vorfeld, dass irgendetwas im Busch ist. Aber auf das, was an diesem Abend noch folgen sollte, wäre ich im Traum nicht gekommen. Michael legte großen Wert darauf, dass wir alle vier bei seinem Besuch daheim sind. Wir wollten Pfefferkarpfen essen gehen, den liebt Michael. Die Rothensander Pfefferkarpfen sind wirklich legendär, deshalb freute ich mich erst einmal auf unser gemeinsames Essen. Als wir noch auf unser Essen warteten, fragte er mich: »Na, bist du schon aufgeregt?«. Ich ahnte natürlich nicht einmal ansatzweise, welche Überraschung auf uns wartete. Nach unserem Essen wollten wir den gemütlichen Teil bei uns daheim verbringen. Michael war so ungewöhnlich zappelig, man hätte fast denken können, dass er aufgeregt ist. Doch warum sollte er?

Er holte auf einmal ein Puzzle hervor und meinte, Matthias und Anja sollten dieses doch zusammenbauen. Beide zögerten, dann bekamen sie Schützenhilfe von Michaels Tochter Katrin. Wir Erwachsenen schauten zu. Bald war darauf eine südländische, gut aussehende Frau zu erkennen, dann ein Mann. Ich war plötzlich sehr erschrocken. Was will er uns damit sagen? Meine Knie begannen zu zittern, ich wusste zwar nicht, warum, aber ich wusste, dass dies mehr ist als nur ein Puzzle von zwei jungen Menschen. Mir drehte sich fast der Magen, ich hatte ganz plötzlich eine Vorahnung. Tränen schossen in meine Augen.

Dann kam Michaels großer Moment, mit zittriger Stimme sagte er: »Darf ich vorstellen, Henrique Miranda, Anjas Lebensspender!«
Nun herrschte erst einmal Totenstille. Ich kann niemandem erklären, welche Gefühle, welche Gedanken in diesem Augenblick jedem von uns durch den Kopf gingen. Anjas Spender hatte nun ein Gesicht.
Matthias war der Erste, der etwas sagen konnte. Nach einem Moment konnte ich auch wieder etwas klarer denken und fragte Michael, woher er »unseren« Spender kenne. Spender und Patient dürfen sich erst nach zwei Jahren kennen lernen und nur dann, wenn beide einverstanden sind. Also woher kannte Michael diesen Mann?

Dann erzählte er uns, wie Henrique, Anjas Spender, Kontakt mit ihm aufgenommen hatte. Henrique hatte Anjas Brief noch in der Klinik erhalten und hatte zwei Ansatzpunkte. Er wusste den Vornamen und dass Anja aus Deutschland kommt. Henriques Frau Liliana setzte sich sofort an den Laptop und forschte nach. Sie gab die Suchbegriffe, Knochenmarkspender und Anja ein und landete auf der Seite einer Tageszeitung. Über diese Seite kam er auf die Website von »Hilfe für Anja e.V.« und somit zur E-Mail-Adresse.

Michael erzählte, dass die erste Kontaktaufnahme am Tag nach der Knochenmarkspende gewesen war. Nun wusste ich, woher seine oft kleinen Bemerkungen die ganze Zeit gekommen waren.

Er hatte mir mal versprochen: «Ich werde dir den Spender vorstellen, noch bevor die zwei Jahre rum sind.» Ich dachte mir damals, das wäre schön, aber das ist unmöglich. Heute wissen wir, dass es nie zu einer Kontaktaufnahme gekommen wäre, denn in Portugal dürfen sich Patient und Spender überhaupt nicht kennenlernen.

Langsam konnte ich wieder etwas klarer denken. Michael hatte es oft nicht leicht mit mir, so auch an diesem Tag. Ja, ich machte ihm Vorwürfe, warum er so lange nichts gesagt hätte. Er erzählte, dass es für ihn oft sehr schwer gewesen sei, uns nichts zu erzählen. Oft hatte er das Gefühl, innerlich zu zerreißen. Darauf kam sofort meine Antwort: »Es hätte dich zerreißen sollen.« Das war natürlich nicht ernst gemeint, aber mein Gefühlsleben war gerade so durcheinander. Jetzt war ich schon durch den Wind, was mochte erst in Anja vorgehen?
Anja war erst einmal in einer Schockstarre. Michael erzählte, dass Henrique und Liliana zu Hause sitzen und auf seine Nachricht warten, wie unsere Reaktionen sind. Super, alle wussten Bescheid, nur wir nicht.

Michael bot Anja an, selbst an die beiden eine SMS zu schreiben. Welch ein Tag, ich hatte das Gefühl, die Welt dreht sich gerade im Eiltempo um mich.

Kurz darauf wählte sich Michael in seinen Skype-Account ein und wir sahen live das erste Mal Henrique und Liliana. Das war auch für Michael neu, bisher hatte er nur per Mail oder SMS Kontakt gehabt. Das Gespräch fiel etwas verhalten aus. Wir waren mit der Situation total überfordert. Ich war froh, dass Matthias die Gesprächsführung in Englisch übernahm. Ich saß in einer Ecke und die Freudentränen rannen nur noch über mein Gesicht.
Die nächste Überraschung hatten die drei auch schon parat. Michael erklärte uns, wenn wir es wollten, würden beide am 27. Dezember nach Deutschland kommen und Anja könnte ihren Le-

bensretter in ihre Arme nehmen. Natürlich wollten wir, welch eine Frage! In dieser Nacht war an Schlaf überhaupt nicht zu denken.

Bis dahin entstand bereits ein fleißiger SMS-Kontakt zwischen Henrique und Anja. Beide waren von Anfang an auf einer Wellenlänge. Schmunzeln mussten wir, als Anja ihm mitteilte, er solle Winterschuhe mitbringen. Prompt kam die Frage, was denn Winterschuhe seien? In Portugal gibt es keinen Schnee.

Schnee – das war ein großes Stichwort. Beide, Liliana und Henrique, waren noch nie in Deutschland gewesen, beide hatten noch nie Schnee gesehen. Aber bevor Anja auf ihren Lebensretter träfe, galt es noch etwas anderes zu feiern.

Es kam der 21. Dezember, der Tag ihres zweiten Geburtstages. Anja ist es wichtig, dass dieser Tag fast genauso gefeiert wird wie ihr eigentlicher Geburtstag. Nun ist schon ein Jahr vergangen, ein Jahr voller Sorgen, aber auch voller Freuden.

Wir treffen Anjas Lebensretter

Nun fieberten wir alle dem großen Tag entgegen, dem 27. Dezember! Am Flughafen fanden sich Michael mit seiner Familie, Daniela und ein paar Freunde von uns ein, um unseren Lebensretter gebührend zu begrüßen. Michael hatte ein Banner mit einem portugiesischen Willkommensspruch vorbereitet und Anja hatte einen großen Blumenstrauß in der Hand. So standen circa 15 Personen in der Eingangshalle des Nürnberger Flughafens. Man hätte fast meinen können, ein Staatsempfang findet gleich statt. Das Flugzeug kam mit Verspätung an und dann kam der große Moment. Die Tür ging auf und beide kamen mit zwar verhaltenen, aber strahlenden Gesichtern in die Eingangshalle. Wir fingen sofort an zu applaudieren. Die Leute, die außen herum standen, schauten uns mit großen Augen an, manche spürten, hier fand gerade etwas Großes statt.

Anja ging auf Henrique zu und beide nahmen sich in die Arme. Wir hatten das Gefühl, die Welt steht für einen Moment still. Dies war so ein besonderer Moment, man könnte fast sagen »Liebe auf den ersten Blick«.

Natürlich musste ich wieder weinen, aber ich denke, ich war hier nicht die Einzige. Die Freudentränen rannen nur so über mein Gesicht. Reinhard und ich durften Henrique und seine Frau Liliana in die Arme nehmen. Henrique, ohne dessen Hilfe Anja vermutlich nicht mehr am Leben wäre, steht wahrhaftig vor uns. Ich konnte es immer noch nicht fassen, was in diesem Moment geschah. Dieses erste persönliche Kennenlernen hatte so etwas Besonderes, man kann es überhaupt nicht in Worte fassen. Das kann man nur fühlen und muss es erlebt haben.

Nun ging es nach Rothensand. Matthias wollte ein kleines Willkommensfeuerwerk starten, dazu musste es aber dunkel sein. Aus diesem Grund mussten wir uns Zeit lassen. Die erste Gesprächsaufnahme im Auto war noch sehr holprig. Für Liliana und Henrique war Englisch eine Fremdsprache und bei uns lag das Schulenglisch auch schon ein paar Jahre zurück. Anja war immer noch gefesselt von der Begegnung und konnte fast nichts sprechen.

Als wir zu Hause ankamen, standen alle Freunde, die schon am Flughafen dabei gewesen waren, mit Sternwerfern bereit, um den beiden einen gebührenden Empfang zu bereiten. Matthias hatte ein circa zwei Meter großes Herz beleuchtet. Ein Banner war über der Garage befestigt. Mit »Herzlich willkommen, Henrique und Liliana«, natürlich in portugiesischer Sprache, und einem kleinen Feuerwerk wurden die beiden gebührend begrüßt. Es wurde ein toller Abend. Man spürte, diese beiden Menschen waren etwas Besonderes.

In den nächsten Tagen wollten wir den beiden unsere Wahlheimat zeigen. Unsere erste Anlaufstelle war natürlich Bamberg. Dort begegneten wir auch Erzbischof Prof. Dr. Schick, der mit vielen kleinen Königen durch Bamberg zur Sternsingeraussendung zog.

Es war auch ein uns bekannter Pressefotograf anwesend, darum haben wir Liliana und Henrique erst mal ein wenig aus der Schusslinie genommen. Wir wollten niemanden anlügen, wir wollten aber auch nicht, dass die Presse schon über unseren Spender Bescheid weiß. Dies sollte unser ganz persönlicher Moment bleiben. Was ein Medienhype ausrichten kann, hatten wir ja in der Vergangenheit zuhauf mitbekommen, sowohl positiv als auch negativ. Außerdem wussten wir nicht, ob es Konsequenzen mit sich ziehen würde, dass wir uns bereits vor diesen zwei Jahren Anonymität kennen. Also hieß es schnell weiterziehen.

Beide waren wissbegierig. Sie wollten viel über die Geschichte und die Traditionen von Deutschland wissen. Auch das typische deutsche Essen wollten sie probieren. Dies war am Anfang natürlich nicht so einfach. Wir wussten nicht, welche Vorlieben beide beim Essen hatten.

Am Abend saßen wir gemütlich beieinander. Es war von Anfang an ein sehr vertrauter Umgang, als würde man sich schon sein ganzes Leben kennen.

Nun kam wieder der 30. Dezember. Letztes Jahr hatten wir um Anjas Leben gebangt, in diesem Jahr wollten wir nur an Reinhards Geburtstag denken. Bereits am Nachmittag kamen die ersten Gratulanten. Henrique fragte, ob er helfen kann. Ich freute mich über dieses Angebot, lehnte aber dankend ab. Liliana und Henrique fingen mit Anja und Matthias an, ein Spiel zu spielen. Nun kamen aber immer mehr Gäste und ich merkte, langsam brauchte ich Unterstützung. Sofort legten alle vier das Spiel zur Seite und gingen in die Küche. Hier ging es so richtig zur Sache. Es wurde geschnitten, gelegt und verziert, eine wahre Pracht. Ein schlechtes Gewissen hatte ich schon, dass unsere beiden Ehrengäste mithelfen mussten. Das sagte ich ihnen auch, darauf kam die schönste Antwort, die man sich in einer solchen Situation vorstellen konnte: »That´s okay. We are not guest, we are a part of the family.« Übersetzt: »Das ist schon in Ordnung, wir sind keine Gäste, sondern ein Teil der Familie.« Nun kam schon wieder, was kommen musste, natürlich Freudentränen.

Es wurde wieder ein toller Abend, das Haus war voller Gäste. Ich hatte zwar genügend Essen vorbereitet, aber langsam hatten wir keinen Platz mehr. Es wurde wieder fleißig gesungen. Matthias spielte mit seiner Gitarre, und Henrique sang für uns ein Lied, das er damals anlässlich seiner Hochzeit für Liliana gesungen hatte. Der Mann konnte wirklich alles. Urplötzlich ging es Liliana schlecht, sie musste erbrechen. Beide waren erst am 24. Dezember aus Shanghai zurückgekommen. Der Jetlag machte sich bemerkbar. Auch wenn unser Besichtigungsprogramm nicht besonders stressig gewesen war, beides war einfach zu viel.

Nach einer längeren Nachtruhe kam schon Michael, um die beiden zu sich nach Hause abzuholen. Silvester wollten wir alle in Kirchenthumbach bei Familie Sporrer feiern.
Liliana ging es zwar nach einem erholsamen Schlaf etwas besser, aber sie lag immer noch da wie ein Häufchen Elend. Michael hat-

te natürlich gleich wieder eine Idee. Er rief seinen Bekannten Dr. Sterner an, der ja seine Praxis in der Nähe von Bamberg hat. Doch dieser war auf dem Weg zu Bekannten nach Kirchenthumbach (welch Zufall!), was das Ganze eigentlich noch einfacher machte. Michael packte Liliana in eine warme Decke und fuhr mit beiden nach Kirchenthumbach. Dr. Sterner kam wenige Minuten später zum Hausbesuch und päppelte Liliana wieder auf!

Nun war unser Haus leer. Ich habe so etwas noch nie erlebt. Normalerweise freut man sich, wenn Besuch kommt, ist aber auch wieder froh, wenn alle fort sind. Als Henrique und Liliana fort waren, war unser Haus leer, es fehlte etwas.

Nach ein paar Stunden trafen auch wir in Kirchenthumbach ein. Leider zu spät, um Michaels Rede zu hören. Gott sei Dank ging es Liliana wieder etwas besser und wir konnten einen wunderschönen Abend miteinander feiern. Das Silvesterfeuerwerk war für die beiden etwas Besonderes. In Portugal dürfen Privatpersonen kein Feuerwerk entzünden, dies darf nur die Regierung.

Wir fuhren in der Nacht wieder heim und mussten Liliana und Henrique in Kirchenthumbach lassen. War schon komisch, aber Michael wollte natürlich auch eine Zeit mit den beiden verbringen. Henrique war nun Anjas großer Bruder, aber Michael hatte schon viel länger Kontakt.

Dann kam am 02. Januar 2013 auch schon wieder der Abschied. Wir trafen uns alle noch einmal am Nürnberger Flughafen. Henrique hielt eine emotionale Rede mit vielen Tränen und dann gingen beide Richtung Flieger. Wir sahen der Maschine zu, wie sie in den Himmel startete. Michael meinte zu Anja: »Das hast du gut gemacht, dass du 13 Jahre auf so einen Menschen gewartet hast!«

Trotz Transplantation, es ist jeden Tag ein Kampf

Eine wunderschöne Zeit endete nun, aber ich bin mir sicher, dies war der Anfang einer wunderschönen Freundschaft.

Im Februar 2013 ist der nächste Kontrolltermin in Hamburg. PD Dr. Müller war mit den Laborwerten im Großen und Ganzen zufrieden. Er freute sich auch, dass Anja wieder fröhlicher war. Sorge machte ihm vor allem der gesunkene Spenderchämarismus. Dieser zeigt an, wie viele Zellen Anja vom Spender hat. Am Anfang hatte Anja eine komplette Übereinstimmung, jetzt nur noch zu 93 %. Dies musste nun beobachtet werden, denn sollten Anjas Zellen auf dem Vormarsch sein, könnte auch die Krankheit wieder ausbrechen. Dies würde geschehen, wenn der Anteil von Henriques Zellen unter 25 % wäre – hiervon waren wir also noch meilenweit entfernt. Wir müssen uns auf das Heute konzentrieren und nicht auf das, was vielleicht noch kommen kann.

Anja ist schon ein Phänomen. Kurz vor ihrem Geburtstag am 5. Juni bekommt sie extreme Schmerzen. Trotz Schmerzmedikamenten nimmt sie einen Plastiklöffel zwischen die Zähne, um bei den Schmerzattacken die Schmerzen auszuhalten. Die Diagnose von Dr. Glöckel lautet: Gürtelrose. Anja hat sich vermutlich in der Nachbarschaft Windpocken eingefangen. Die Verursacher von Gürtelrose sind die gleichen wie bei Windpocken, ein Herpesvirus. Da Anja als Kleinkind schon Windpocken hatte, bekam sie Gürtelrose. Durch Nachfrage haben wir herausgefunden, dass Henrique noch keine Windpocken hatte. Aus diesem Grund hat Anja tatsächlich Gürtelrose und Windpocken zusammen bekommen. Eine überaus seltene Konstellation. Aber auch das standen wir gemeinsam durch.

Im August besuchten wir (Anja, Reinhard und ich) zum ersten Mal Liliana und Henrique in Portugal. Diese Vertrautheit war wieder da. Es war, als ob du Freunde besuchst, die du schon dein ganzes Leben kennst. Wir hatten so viel Spaß mit den beiden, die Reise war wirklich ein Traum. Beide wissen sehr viel über die Geschichte von Portugal zu erzählen. Inzwischen hatten wir auch keine Probleme mehr bei der Verständigung. Jeder plapperte auf Englisch los, ohne groß zu überlegen, ob dies auch grammatikalisch richtig war. Wir verstanden uns und das war gut so.

Ein besonderes Erlebnis war der 15. August. Genau zwei Jahre vorher war uns mitgeteilt worden, dass Anja transplantiert werden muss. Jetzt waren wir mit Liliana und Henrique im Marienerscheinungsort Fatima. Ob das wirklich nur ein Zufall war?

Kaum waren wir daheim angekommen, ging es für Anja los zur Abschlussfahrt nach Kroatien.

Für Anja war nun das letzte Schuljahr angebrochen. Im Juli 2014 würde sie die Schule verlassen. Bewerbungen mussten nun geschrieben werden. Anja hatte in ihrem Leben schon so viele Fehltage in der Schule wegen Krankheit gehabt. Trotz dieser Fehltage war sie aber eine gute Schülerin. Die Bewerbungen um einen Ausbildungsplatz verliefen katastrophal. Es hagelte massenweise Absagen. Anja ist ein etwas zurückhaltender und vorsichtiger Mensch, das mag bei manchen Vorstellungsgesprächen auch ein Grund für eine Absage gewesen sein. Meine persönliche Meinung ist jedoch, dass viele Firmen durch Anjas Schwerbehinderung abgeschreckt wurden. Aufgrund der Erkrankung hat Anja noch einen Schwerbehindertenausweis mit 100 %. Dies wurde mir auch von einigen Firmen ins Gesicht gesagt. Die Aussage, dass bei gleicher Eignung Schwerbehinderte Vorrang haben, ist ein Satz, der auf dem Papier geduldig ist, der aber nichts mit der Realität zu tun hat. Für Anja war diese Zeit so deprimierend.

Doch Anja sollte Glück haben. Sie hat einen Ausbildungsplatz bei der Agentur für Arbeit zur Fachangestellten für Arbeitsmarktdienstleistungen angeboten bekommen. Diese hat sie im September 2014 nun angetreten. Sie blüht nun richtig auf, der Umgang mit Menschen, die Hilfe brauchen, macht Anja Spaß.

Nun sind drei Jahre nach der Transplantation vergangen. Anjas Blutwerte bewegen sich im Normalbereich. Auf den Spenderchämarismus muss man in den nächsten Jahren achten und ihn in Abständen kontrollieren. Im Juni hat Anja ihren 18. Geburtstag gefeiert und kann nun nicht mehr in den Kinderkliniken in Bamberg und Hamburg betreut werden. Durch die Verbundenheit der vielen Jahre haben wir jedoch das Glück, in allen Ärzten noch kompetente Ratgeber zu haben. Dafür sind wir von ganzem Herzen dankbar.

Wir wünschen unseren beiden Kindern, Anja und Matthias, viel Gesundheit und ein Leben ohne Schmerzen. Mögen alle ihre Träume und Wünsche in Erfüllung gehen.

Wir danken allen, die uns in den letzten Jahren schützend zur Seite standen und weiterhin stehen werden. Auch sagen wir DANKE an all die vielen Menschen, die uns gezeigt haben, dass es in unserer oft so gefühlskalten Welt noch echte

Hilfsbereitschaft gibt.

Zum Schluss wünschen wir allen, die sich weiterhin für Typisierungen einsetzen, viel Kraft und Erfolg. Wie in meinen Ausführungen mehrmals schon geschrieben, sollte es bald möglich sein, dass kein Patient mehr sterben muss, weil vielleicht der passende Stammzellspender fehlt.

Vergelt´s Gott!

Lisa, Anja und Reinhard Roith neun Monate nach der Transplantation beim ersten Pressegespräch in Kirchenthumbach.

Henrique Miranda mit seiner bezaubernden Frau Liliana aus Villa Franca in Portugal erzählt die unglaubliche Geschichte aus seiner Sichtweise.

Jeden Tag spielen sich irgendwelche Geschichten in unserem Leben ab. Ich erinnere mich noch genau, wie meine Geschichte begann. Eines Abends, ich saß vor dem Fernseher und sah ein junges Paar, das über das Thema Knochenmarkspende sprach. Zuerst habe ich nur mit einem halben Ohr hingehört, aber als man dann ein kleines portugiesisches Mädchen sah, habe ich mir die Sendung genauer angeschaut. Die Eltern machten einen Aufruf zu einer Typisierung, da ihre Tochter dringend einen Knochenmarkspender benötigt, ansonsten müsse sie sterben.

Das kleine Mädchen fesselte meine Gedanken. Ein kleines Kind muss vielleicht sterben, weil ich nicht vom Sofa aufstehen und mich typisieren lassen möchte. Damit könnte ich wohl nicht leben. Die Chancen sind gering, dass ich als Spender in Frage komme, aber schon als Geste und aus Respekt vor diesem jungen Mädchen sollte ich mich für die weltweite Datenbank registrieren lassen.

Auch am nächsten Tag bekam ich die Bilder des Mädchens nicht aus dem Kopf. Umgehend informierte ich mich gleich, wo ich mich registrieren lassen konnte. Gleich nach der Uni ging ich ins CEDACE in Lissabon (Nationales Zentrum für Knochenmarkspender). Ein kleiner Piks und schon war die Angelegenheit erledigt. Das Ausfüllen des Formulars dauerte länger als die Blutentnahme.

Die Schwester, die mich aufgenommen hatte, meinte sogar noch zum Abschied, dass die Wahrscheinlichkeit sehr gering sei, dass jemand meine Zellen benötigt. Aber wenn sie anriefen, dann würde die Sache ernst, dann würde ich gebraucht.

Nun war ich typisiert und ich hatte jetzt eine unsichtbare Linie in die Welt – die mich vielleicht mit irgendjemandem verbindet – vielleicht!

Der Alltagsstress hatte mich bald wieder gepackt und man hörte nichts mehr von dem kleinen Mädchen. Auch waren irgendwann die Erinnerungen an die Typisierung weg, da das hektische Alltagstreiben mein Leben voll im Griff hatte. Bis eines Tages …

Hallo, spreche ich mit Henrique Miranda?
Ja, bitte sehr, was kann ich für Sie tun?
Ich rufe Sie von der CEDACE an, vom Nationalen Zentrum für Knochenmarkspende. Sie haben sich als Knochenmarkspender registrieren lassen. Erinnern Sie sich noch?

Für einen Moment war ich sprachlos. Aber gleich schossen mir die Worte der Krankenschwester in den Kopf: »Die Wahrscheinlichkeit ist sehr gering, dass jemand Ihre Zellen benötigt. Aber wenn wir anrufen, dann wird die Sache ernst, dann werden Sie gebraucht!« Ich versuchte erst mal tief Luft zu holen und sagte dann entschlossen:

Ja, natürlich erinnere ich mich!
Ich wende mich an Sie, da die Wahrscheinlichkeit sehr groß ist, dass Sie als Knochenmarkspender in Frage kommen. Wenn Sie der Datenbank noch zur Verfügung stehen, müssten Sie in unsere Einrichtung kommen, damit wir nochmals prüfen können, ob Sie als Spender noch geeignet sind. Zuerst aber sollten Sie nochmals Blut abgeben. Wir würden Sie dann in 3–4 Wochen wieder kontaktieren.
Ja, natürlich, selbstverständlich, kein Problem!!

Ab diesem Augenblick kreisten bei mir die Gedanken im Kopf. Ein richtiges Kopfkino spielte sich ab. »Meine genetischen Merkmale stimmen mit einem Menschen auf dieser Welt überein. Wahnsinn!« Wer war dieser Mensch? Älter, jünger, dick oder dünn? Mädchen, Junge, Frau, Mann, groß oder klein? Portugiese oder Chinese …

Dieser Anruf steuerte ab sofort mein Leben, ich konnte auch in den nächsten Tagen keinen klaren Gedanken mehr fassen. Es gab also auf dieser Welt einen Menschen, der quasi mit mir eins war. Ich konnte diese Situation gar nicht richtig einordnen, aber ich spürte schon, welche Riesenverantwortung jetzt auf mir lastete. »Ich bin dafür verantwortlich, ob ein mir unbekannter Mensch weiterleben darf oder nicht!« In dieses Glücksgefühl mischte sich auch ein mulmiges Gefühl – das lag aber daran, dass ich nicht genau wusste, was auf mich zukam. Die Zufriedenheit überwog aber ganz klar, zu wissen, dass man einem Menschen helfen darf.

Die Zeit verging. Knapp einen Monat später wurde ich wieder angerufen:

Herr Miranda, wir möchten Ihnen mitteilen, dass Sie 100%ig als Spender in Frage kommen!

Es kann sich kein Mensch vorstellen, welch ein Glücksgefühl ich in diesem Moment verspürt habe. Es war, als hätte ich gerade im Lotto gewonnen, als hätte man mir mitgeteilt, dass ich die Euromillionen der Staatslotterie gewonnen hätte. Ich versuchte mir vorzustellen, wer mein »Seelenverwandter« auf dieser Welt sein könnte.

Es mussten noch weitere Tests durchführt werden. Nachdem alles abgeklärt worden war, musste ich die finale Unterschrift setzen. Für mich kein Problem. Ohne groß nachzufragen, unterschrieb ich. Ab diesem Zeitpunkt gab es kein Zurück mehr. Ich war mir meiner großen Verantwortung bewusst. Da draußen gibt es einen Menschen, der braucht mich und ich stehe Gewehr bei Fuß.

Nun vergingen wieder ein paar Wochen, ich war sehr ungeduldig. Jedes Mal, wenn das Telefon klingelte, war ich aufgeregt, denn dies konnte ja der Anruf sein, dass es endlich losging. »Warum dauert das nur so lange, lebt der Patient nicht mehr oder was ist los?« Die lange Wartezeit ließ mich ungeduldig werden. Kein Tag verging, an dem ich mir nicht Gedanken machte, wer mein genetischer Zwilling war. »Ist er wie ich, hat er denselben Geschmack …?«

Der Tag war gekommen, aber jetzt wollte man mir noch mitteilen, ob ich damit ein Problem hätte, wenn sie keine Stammzellen, sondern mit Narkose aus dem Beckenkamm Knochenmark entnehmen.
Ich spürte die Angst der Person, mit der ich sprach. Sie hatte Angst, ich könnte »Nein« sagen, da die Vereinbarung nur die periphere Entnahme war.
Noch ehe mir die Person erklärte, was der Unterschied ist, erwiderte ich: »Nehmen Sie, was Sie brauchen, ich möchte helfen, egal wie!«
Erleichterung war meinem Gegenüber anzusehen. Ich fügte an: »Ich habe mich vor Jahren als Spender eintragen lassen, egal wie. Würde ich nicht wollen, hätte ich diesen Schritt niemals tun dürfen!«

Wie ich erfuhr, haben hier schon sehr viele einen Rückzieher gemacht, da sie keine Narkose möchten. Mein Körper wurde von einem eiskalten Schauer durchzogen. Wer kann sagen, dass man seinem genetischen Seelenverwandten nicht helfen möchte? Unverständlich!

Da ich am 9. Dezember meinen 30. Geburtstag feierte, hatten die Ärzte nun den Termin auf den 20. Dezember fixiert. 20. Dezember – vier Tage vor Weihnachten, was für ein herrliches Weihnachtsgeschenk!

Ich ging in die Klinik nach Lissabon und bereitete mich auf die Knochenmarkentnahme vor. Alle Leute waren sehr nett. Ich wurde unterstützt und verwöhnt. Auch wenn ich ein wenig Schmerzen hatte, war dies einer meiner schönsten Tage im Leben. Es war für mich ein magischer Tag, ein Tag, an dem ich einem mir fremden Menschen ein neues Leben schenken durfte. Obwohl ich nicht wusste, wer mein Gegenüber war, spürte ich eine Verbindung. Ich wusste, auch für diesen Menschen war es ein besonderer Tag.

Am späten Vormittag des nächsten Tages durfte ich die Klinik wieder verlassen. Bevor ich ging, drückte man mir noch eine kleine Geschenkbox in die Hand und einen Brief. Ich wollte keine Geschenke und wollte das Geschenk zurückgeben. Man sagte mir, dass dies eine Botschaft vom Empfänger des Knochenmarkes sei. Ich zitterte am ganzen Körper. Vorsichtig öffnete ich den Brief, und als ich bereits die Anrede las: »Mein lieber Lebensretter …«, da war es um mich geschehen. All die Emotionen brachen aus mir heraus. Es dauerte sehr lange, bis ich den Brief fertig gelesen hatte.

Ich war überwältigt: Was geschieht gerade mit mir? Diese Geschichte läuft wie in einem Film an mir vorbei. Die Hauptrolle in dieser Geschichte spiele ich. Ich und ein mir unbekannter Mensch schreiben gerade diese Geschichte. Wahnsinn! Am Ende des Briefes stand der Name »Anja«! Jetzt hatte diese fremde Person also einen Namen »Anja«. Eine Anja war also meine Seelenverwandte.

Meine Frau Liliana holte mich aus der Klinik ab. Überwältigt von diesem Gefühl, was gerade geschehen war, fuhren wir nach Hause. Ich war natürlich sehr schwach von der Narkose und der anschließenden Knochenmarkentnahme. Darum legte ich mich auf die Couch, genau auf das Möbelstück, wo ich damals vor acht

Jahren gesessen hatte, als ich den Bericht im Fernsehen und den Aufruf des portugiesischen Paares für sein Kind gesehen hatte.

Ich schlief ein, meine Frau Liliana schnappte sich den Laptop und begann mit dem Wissen, das sie hatte, zu surfen. Eigentlich wusste sie gar nicht, wonach sie suchte, aber sie hatte ein paar Infos aus der Klinik, sie hatte den Brief. Liliana stöberte den ganzen Nachmittag im Internet. Plötzlich weckte sie mich ganz aufgeregt. Sie war ganz außer sich. Was war geschehen? Sie zeigte mir einen Pressebericht einer deutschen Tageszeitung. Gut, ich war noch ganz schlaftrunken, ich spreche auch kein Deutsch. Was will sie mir sagen? Liliana war richtig aufgeregt und sie zeigte mir zwei Passagen in dem Bericht, die eindeutig hervorhoben, dass der Bericht etwas mit mir zu tun haben musste. Ich las »Anja«, immer wieder den Namen »Anja«, und dann stand noch etwas von einem 29-jährigen Portugiesen. Kein Zweifel, die können nur von mir sprechen.

Wieder ging ein kalter Schauer über meinen Rücken. Ich war sofort hellwach. Wir schauten weiter. Jetzt wissen wir, wer hinter dieser Geschichte steckt, aber wie können wir Kontakt aufnehmen? Wir wollten nicht warten, zu sehr wurden wir von den Emotionen getrieben. Irgendwann kamen wir auf die Seite von »Hilfe für Anja« und fanden die E-Mail-Adresse von Michael. Wir wussten, wenn wir Zugang zu Anja finden wollten, würde das nur über Michael gehen. Also nahmen wir mittels Google-Übersetzer zu Michael Kontakt auf. Wir kannten diese Person nicht, wir wussten auch nicht, wie diese Person reagieren würde, aber wir mussten diese Mail schreiben.
Eine Stunde später bekamen wir auch Antwort. Sehr zurückhaltend war die Antwort von Michael. Wir schrieben wieder zurück. Michael wechselte in die englische Sprache. Dies war für uns besser, denn mit dem Google-Übersetzer war es mit Sicherheit für beide Seiten nicht so einfach.

Und so schrieben wir einige Mails hin und her. Wir näherten uns Schritt für Schritt an. Michael war sehr skeptisch uns gegenüber. Gut, konnten wir verstehen. Wir realisierten ja auch erst gerade, was in diesen Minuten, drei Tage vor Weihnachten, geschah.

Plötzlich kam die direkte Frage von Michael: »Henrique, was hast du gestern gemacht?« Ich schrieb zurück: »Ich denke, du weißt jetzt, wer ich bin?« Es lag förmlich ein Knistern in der Luft. Liliana und ich konnten uns bildlich vorstellen, was jetzt in Deutschland gerade passierte. Wir schrieben noch die halbe Nacht, und Michael erzählte, wie es Anja geht. Irgendwann schrieb er mir: »Was für eine Geschichte! Wir suchen dich 13 Jahre und du findest uns in 13 Stunden. Wenn wir das jemandem erzählen, das glaubt uns kein Mensch. Ich kann es ja selber nicht glauben!«

In den nächsten Tagen hatten wir regen Kontakt. Michael erklärte mir die rechtliche Situation, dass Spender und Patient sich erst nach zwei Jahren kennenlernen dürfen. In Portugal ist es sogar generell verboten, dass sich Patient und Spender treffen. Umso glücklicher waren wir in diesem Moment. Wir vereinbarten, dass Michael uns immer über Anja informiert, und wenn der Zeitpunkt gekommen wäre, würden wir unser kleines Geheimnis offenbaren.

Fast jede Woche schrieben wir uns und es entwickelte sich eine richtige Freundschaft. Der Alltag hatte uns wieder und jeder ging seiner Arbeit nach. Plötzlich, zehn Monate später, kam von Michael eine Mail: »Henrique, die Zeit ist gekommen, wir sollten unser Geheimnis mit Anja und ihrer Familie teilen.« Jetzt war es wieder da, dieses Gefühl, so wie ich es gehabt hatte, als ich Anja im Internet suchte.

Ich war aufgeregt, aber wir beide planten den Tag, auf den Liliana und ich schon so lange gewartet hatten. Via Handy waren wir von Michael über jeden Schritt informiert. Als wir plötzlich über Skype von Michael angewählt wurden, war uns klar, jetzt war der Augenblick gekommen, in der ich meiner »kleinen Schwester« erstmals gegenüberstehen würde. Dieses Gefühl, sie erstmals zu sehen, trieb uns beiden die Tränen ins Gesicht, Tränen der Freude, Anja so glücklich zu sehen.

Das erste Treffen wurde ausgemacht, wir trafen uns nach Weihnachten in Deutschland und das waren ebenfalls unvergessliche Augenblicke! Mittlerweile haben wir tolle Freunde in Deutschland gefunden. Anja und ihre Familie haben uns schon zweimal besucht. Auch Michael, der immer wieder mal ein Meeting im Schwesterwerk seines Arbeitgebers in Lissabon hat, besucht uns immer wieder.

Alles Weitere, denke ich, ist hier in diesem Buch auch ausführlich beschrieben worden. Ich kann hier nur die Geschichte schreiben, wie Liliana und ich es erlebt und gefühlt haben. Was wir wirklich gefühlt haben, ist in Worte kaum zu fassen, aber tief in unseren Herzen verankert. Ich danke Gott, dass ich diese Geschichte erleben durfte. Und dass ich mit Anja eine wunderbare »Schwester« geschenkt bekommen habe.

Lebensspende – Christiane hilft dem kleinen Parker

»Hilfe für Anja« feiert seinen 15. Geburtstag. Und auch ich habe ein persönliches kleines Jubiläum. Im Dezember 2014 wurden es zehn Jahre seit meiner ersten Knochenmarkspende. Und noch jemand feierte im Dezember Geburtstag. Parker wurde 13 Jahre alt, er lebt in Millbrook, Alabama, USA, und ist ein fröhlicher Teenager, der alle zum Lachen bringt.

Dabei ist Parker eine richtige Kämpfernatur. Mit 2,5 Jahren wurde bei ihm JMML diagnostiziert, eine seltene Form der Leukämie, die nur 1 % der Leukämiepatienten betrifft mit 5 % Überlebenschance.

Das alles wusste ich noch nicht, als ich 2004 die Nachricht erhielt, dass ich für einen Patienten als Spender in Frage komme. Nach einigen weiteren Tests konnte ich dann kurz vor Weihnachten 2004 das erste Mal Knochenmark spenden. Im Klinikum Nürnberg Nord wurde die Entnahme der Stammzellen aus dem Beckenkamm unter Vollnarkose vorgenommen. Diese Variante der Entnahme wurde mir damals als verträglicher für den Empfänger empfohlen. Erst bei den Voruntersuchungen zur OP vor der Entnahme haben sie mir verraten, dass die Stammzellen für einen kleinen 3-jährigen Jungen aus den USA bestimmt waren. Zweifel an meiner Spendenbereitschaft hatte ich zu keinem Zeitpunkt, nicht einmal Angst vor dem Eingriff, weil ich ja wusste, dass ich damit jemand anderem hoffentlich das Leben retten kann. In meiner Entscheidung hat mich die Nacht im Klinikum

Nord vor der Entnahme bestärkt. Hier war ich auf der Onkologie (Krebsstation) untergebracht. Meine Zimmernachbarin war eine Krebspatientin, die mir viel Mut zugesprochen hat, obwohl es ihr zu dem Zeitpunkt selbst sehr schlecht ging. Abgesehen von den üblichen Nebenwirkungen einer Narkose wie z. B. Übelkeit war der Eingriff unproblematisch. Ich kann mich noch an Rückenschmerzen und eine ordentliche Grippe erinnern, die ich mir unmittelbar danach eingefangen habe. Normalerweise muss man wohl noch einen Tag stationär bleiben, aber ich durfte schon nachmittags nach Hause, da meine Mutter und Schwester als ausgebildete Krankenschwestern gute Überzeugungsarbeit leisten konnten.

Auch mein Arbeitgeber stand dem Ganzen sehr positiv gegenüber: Ich bekam für die Voruntersuchungen und die Entnahme Sonderurlaub (normalerweise übernimmt die Datenbank die Kosten). Ein Foto von mir mit der Urkunde, die ich damals von der DKMS für die Spende bekommen habe, wurde in der Mitarbeiterzeitung veröffentlicht.

Im April 2005 wurde ich erneut um eine Stammzellenspende gebeten, wieder für den gleichen Patienten, da es wohl zu einer Abstoßungsreaktion gekommen war. Auch beim zweiten Mal habe ich die Spende nie in Frage gestellt. Diesmal wurden die Stammzellen peripher entnommen. Dazu musste ich mir eine Woche vorher täglich eine Spritze in den Bauchraum geben, deren Wirkstoff die Produktion der Stammzellen anregen und ins Blut ausschwemmen sollte. Das Selber-Spritzen hat mich wohl die größte Überwindung gekostet, mehr als die Vollnarkose. Wiederum im Klinikum Nürnberg Nord wurden in einer Art Blutwäsche die Stammzellen aus meinem Blut gewonnen. Die größte Nebenwirkung dabei war der entstehende Magnesiummangel, der sich in kribbelnden Lippen geäußert hat und eingeschlafenen Händen. Also Peanuts. Danach durfte ich sofort wieder nach Hause und es haben sich keine Nachwirkungen mehr bemerkbar gemacht.

Ein paar Monate später bekam ich die erlösende Nachricht, dass es dem kleinen Patienten gut geht.

Zwei Jahre nach der zweiten Entnahme entstand dann der Kontakt zu Parkers Mutter Alison. Nach zwei Jahren darf die Datenbank, das Einverständnis des Spenders vorausgesetzt, die Kontaktdaten weitergeben. Alison hat mich per Mail kontaktiert. Seitdem stehen wir in regelmäßigem Kontakt via E-Mail und vor allem Facebook. Getroffen haben wir uns leider noch nie. Am Anfang hatten sie mich zu einer TV-Show nach New York eingeladen. Weil ich aber für längere Zeit meine E-Mails nicht gecheckt habe, habe ich ungewollt die Zusagefrist verstreichen lassen und jemand anders wurde vorgezogen. Das finde ich aber auch gar nicht so tragisch. Für mich ist wichtig zu wissen, dass es Parker gut geht. Und dank Facebook und der vielen Fotos, die Alison (seine Mama) dort postet, habe ich das Gefühl, ihn aufwachsen zu sehen. Ich fiebere bei seiner jährlichen Nachuntersuchung mit und bin jedes Mal überglücklich, wenn alles in Ordnung ist. (Angeblich wurden bei der 2. Spende so viele Stammzellen gewonnen, dass sie sein Leben lang reichen werden.)

Parker geht es bis auf ein paar kleinere Probleme, wie sein verzögertes Wachstum, fehlende zwei Backenzähne und Sehschwierigkeiten (die inzwischen aber operiert werden konnten) ganz gut. Mittlerweile spielt er Fußball und ist im Angel-Team seiner Schule.
Seit ich selber Kinder habe, ist mir umso bewusster geworden, was er damals alles mitgemacht hat. Nichts ist wichtiger als die Gesundheit der eigenen Kinder. Ich bin richtig stolz auf Parkers Kämpfergeist und auf jeden seiner Entwicklungsschritte. Manchmal, wenn ich Fotos von ihm sehe, erinnert er mich ein bisschen an meine große Tochter – warum auch nicht, immerhin ist er mein genetischer Zwilling.

Ohne Christiane wäre mein Sohn tot.

Parkers Mama erzählt hier die Geschichte ihres Sohnes, der sogar zweimal die Hilfe von Christiane benötigt hat, um weiterleben zu dürfen:

Parker Deason wurde am 14. Dezember 2001 geboren. In den ersten zwei Jahren schien er ein normales, gesundes Kind zu

sein. Er hatte zwar zweimal Probleme mit den Ohren und ihm wurden die Polypen entfernt, aber laut Arzt kam es nur durch Allergien zu diesen Problemen. Da das gleiche Problem schon bei seinem älteren Bruder aufgetreten war, dachte ich mir nicht viel dabei. Der einzige Unterschied war, dass bei seinem Bruder mit dem Eingriff die Probleme verschwanden.

Als dies alles Parker nicht half, machte ich mir Sorgen. Während des Spielens bekam er immer wieder schreckliches Nasenbluten. Beim Kinderarzt wurde daraufhin ein Bluttest gemacht, aber es schien alles in Ordnung. Es hieß wieder, dass dies von den Allergien käme. Aber auch ein Allergologe konnte keine Auffälligkeiten entdecken.

Während dieser Zeit wurde mein Mann nach Tennessee versetzt, also 500 Meilen entfernt von unserem Zuhause. Als wir unterwegs waren, um eine neue Wohnung zu finden, bekam Parker einen Ausschlag. Es hieß, dieser käme von unserem neuen Autositz, den ich daraufhin zurückbrachte. Aber bereits im Geschäft bekam Parker einen weiteren Ausschlag.

Nach unserem Umzug empfahl mir eine Bekannte einen Kinderarzt. Diesem erzählte ich die Vorfälle und man machte wieder einen Bluttest. Die Praxis wollte mir Bescheid geben, sobald das Ergebnis vorläge, und bereits als ich nach Hause kam, hatte ich eine Nachricht auf dem Anrufbeantworter, dass ich sofort in die Praxis zurückkommen sollte. Ich fuhr sofort hin. Sie erklärten mir, dass Parkers Thrombozyten sehr niedrig waren. Nun kam auch heraus, dass bereits bei der Blutuntersuchung damals in Alabama, bei der es geheißen hatte, es wäre alles in Ordnung, die Thrombozyten auffällig gewesen waren. Wir wurden zu einem Hämatologen geschickt, um sicherzugehen, dass es sich nur um eine kurzzeitige Störung handelt.

Der Arzt wollte eine Knochenmarkuntersuchung machen, um Leukämie ausschließen zu können. Er stellte fest, dass Parkers Milz etwas vergrößert war, aber er beruhigte mich, dass es den meisten Kindern mit Leukämie sehr schlecht gehe und Parker trotzdem sehr aufgeweckt war.

Der Test war positiv, aber der Arzt wollte weitere Untersuchungen machen, da er ein Gefühl hatte, als hätte er etwas übersehen. Er machte eine Knochenmarkbiopsie und es sollte einen Monat dauern, bis das Ergebnis da war. Als es endlich so weit war, wurde Parker sehr krank. Seine Milz hatte sich von 3 auf 14 cm vergrößert, seine Leber war vergrößert und er hatte große Schmerzen. Die Diagnose war niederschmetternd, denn es gab nicht viele Informationen darüber, da diese Form von Leukämie sehr selten ist. Die Überlebenschancen lagen bei 5 %.

Parker kam ins St. Jude Kinderkrankenhaus nach Memphis, wo sofort mit der Chemotherapie begonnen wurde. Mir wurde gesagt, dass ihn nur eine Knochenmarkspende retten könnte. Sofort wurde mein anderer Sohn getestet, aber es gab keine Übereinstimmung. Danach wurde Parker in die Knochenmarkspender-Datei aufgenommen und es wurden fünf Übereinstimmungen gefunden, was an ein Wunder grenzte, vor allem bei Kindern. Die beste Übereinstimmung wurde ausgewählt, und das war Christiane. Zu der Zeit damals wusste ich aber noch nichts über sie und ihren Wohnsitz, nur dass es sich um eine 21-jährige Frau handelt. An Parkers 3. Geburtstag fand die erste Transplantation statt und er hat sie erstaunlich gut überstanden. Obwohl man 100 Tage nach einer Transplantation nach Hause kann, wurde uns genau am 100. Tag gesagt, dass die Krankheit zurück ist. Es musste eine zweite Transplantation folgen, die sehr gefährlich war, aber unsere einzige Chance. Da die Spenderin nicht in den USA lebte, folgte eine Formular-Schlacht, aber diesmal spendete sie genug für diese und noch eventuell folgende Transplantationen.

Die zweite Transplantation war anders als die erste. Es gab mehr Komplikationen und auch nach der Prozedur bekam Parker hohes Fieber und Herzrasen. Eines Nachts drohten alle seine Organe zu versagen und der Arzt wollte etwas versuchen, aber er brauchte mein Einverständnis. Es gab nur zwei Möglichkeiten: Entweder würde es Parker besser gehen, oder er würde sterben. Ich rief meinen Mann an, der sofort mitten in der Nacht nach Memphis fliegen wollte, aber keinen Flug bekam. So fuhr er acht Stunden im Auto, um Parker zu sehen.

Einige Stunden nachdem ihm eine hohe Dosis Prednison verabreicht worden war, ging es ihm besser. Er sprach das erste Mal seit drei Tagen mit mir und als sein Vater ins Zimmer kam, saß er sogar auf dem Bett und lachte ihn an.
Doch dann bekam Parker einen schrecklichen Hautausschlag, der auf die Transplantation zurückzuführen war, weil er das fremde Knochenmark abstieß. Das war noch ein Punkt, an dem wir glaubten, dass wir ihn verlieren würden. Aber bereits zwei Wo-

chen später wollte er mit seinem Fahrrad die Gänge entlang fahren. Parker wurde jeden Tag stärker.

Dieses Mal durften wir auch an Tag 100 nach Hause, nachdem er 13 Monate im Krankenhaus verbracht hatte. Wir mussten immer wieder in die Klinik fliegen, aber wir durften zu Hause leben.

Letzten Juli war die zweite Transplantation zehn Jahre her und es geht ihm gut. Er ist ein sehr lebhafter kleiner Junge, der das Leben liebt. Seine Lebensaufgabe ist es im Moment, zu spielen und zu lernen und anderen Menschen, die ihn treffen, ein Lächeln ins Gesicht zu zaubern.

Wir hatten ein paar Komplikationen wegen des Bestrahlens und der Chemotherapie. Sein Wachstum ist deshalb eingeschränkt. Im Moment warten wir deswegen auf einige Tests, aber die benötigten Medikamente sind nicht verfügbar. Er hatte auch vier Augenoperationen letztes Jahr wegen der Bestrahlungen. Und letztendlich gibt es noch Probleme mit seinen Zähnen und er wird ein Implantat tragen müssen, sobald seine Milchzähne ausgefallen sind. Parker besuchte die 2. Klasse zweimal, da er sich aufgrund seiner Augenprobleme sehr schwer mit dem Lesen tat. Aber jetzt, nachdem alles gerichtet worden ist, tut er sich leichter.

Ich werde Christiane nie genug danken können für das, was sie für meinen kleinen Jungen getan hat. Ich hätte das niemals machen können. Es musste eine total fremde Person kommen und etwas von sich geben, um einen unbekannten Jungen zu retten. Ich weiß, dass ich Parker heute nicht mehr hätte, wenn es sie nicht gegeben hätte.

**Melanie, 25 Jahre jung, mitten im Leben,
bekam die Diagnose »Leukämie«.**

**Doch Meli ist nicht alleine, ihre Familie,
ihre Freunde und »Hilfe für Anja e. V.«
packten an und gaben dem jungen Mädchen
viel Lebensmut.**

»Als ich noch ein ganz kleines Mädchen war, da nahm mich mein Vater mit zum Glubb!«

Es scheint mir, als wäre es gestern gewesen, dass ich mit meinem Vater in Block 10 saß und drei Blöcke neben uns ein Spruchband für die kleine Anja hochging. Unbedarft, wie man mit zwölf Jahren nun einmal ist, hätte ich nie daran gedacht, dass mich diese Geschichte hinter dem Spruchband doch noch einmal einholt.

Da war es 13 Jahre später, kurz vor Weihnachten …
»Nur ein paar Tage musst du im Krankenhaus bleiben«, hatten sie gesagt.
»… nur damit du ohne Schmerzen in den Urlaub fliegen kannst«, hatten sie gesagt.
Doch die Behandlung der angeblichen Entzündungen im Knochen begann nicht. Stattdessen wurden die Blicke immer mitleidsvoller, bis dann letztendlich am 19. 12. 2013 der erste Arzt seine Vermutung äußerte. Ab diesem Zeitpunkt war alles wie im Film. Abtransport in ein anderes Krankenhaus, bestürzte Bekannte, weinende Freunde und Familie, Ärzte, Ärzte, Krankenschwestern, Ärzte, Krankenschwestern, Ärzte … und die Angst vor dem, was kommen mag.

Die Diagnose »Leukämie« war ein Schlag ins Gesicht … KREBS!
Ich hing in einer Leere, die diese Diagnose verursacht hatte, und versuchte klar zu denken. Doch man wird geplagt von den Bildern aus Filmen und denen aus den Werbespots für Spendensammlungen. Man erfährt so

viel und muss so schnell so vieles über die Krankheit und die weitere Behandlung lernen. Und man muss mit der Erkenntnis zurechtkommen, dass sich das Leben nun erst einmal grundlegend ändert ... Schmeiß alle Ziele, die du dir bis dahin gesteckt hast, über Bord. Primäres Ziel ab jetzt heißt: ÜBERLEBEN!

Und genau hier trat »Hilfe für Anja e.V.« in mein Leben. Bekannt war mir der Verein von vorhergegangenen Typisierungsaktionen im Stadionumfeld. Doch wie die meisten Menschen so sind, baut man ohne direkten Kontakt zu einer Krankheit eine Art Schutzschild um sich herum auf. »Bloß nichts Negatives in mein Leben lassen.« Ich muss zugeben, auch ich war so jemand, bis ich durch den Fußball mit der Geschichte von Micha in Berührung kam. Auch er hatte Leukämie. Man sieht Bilder, man hört vom aktuellen Gesundheitszustand und bekommt einen persönlichen Bezug dazu. Dieser unvorstellbare Zusammenhalt, zustande gekommen durch das gemeinsame Hobby, sollte auch mir zuteilwerden.

Kurz nach der Diagnose erhielt ich eine E-Mail von Michael, in der er sich und den Verein vorstellte. Er fragte, wie es mir geht und wie genau sich die Krankheit äußert. Diese Reflexionen trugen damit sicherlich einen Teil dazu bei, dass ich begann, das Ganze besser anzunehmen. Er erzählte mir von Typisierungsaktionen, von der Krankheit, ihrer Behandlung und von Anja und ihrer Erfolgsgeschichte. Möglicherweise war es diese Erkenntnis, die mich von Anfang an nicht verzweifeln, sondern kämpfen ließ. Die Krankheit ist zu besiegen, Anja hat es vorgemacht!

Der so hilfreiche Kontakt blieb während der ganzen Behandlung bestehen. Als festgestellt wurde, dass meine Form der Leukämie noch durch einen sehr seltenen Gendefekt ergänzt wurde, war eine Transplantation unumgänglich. Ab diesem Zeitpunkt arbeiteten »Hilfe für Anja e.V.«, die Rot-Schwarze-Hilfe, Ultras Nürnberg 1994 und viele weitere Freiwillige Hand in Hand und stellten eine Typisierungsaktion auf die Beine, bei der viele neue potentielle Spender registriert werden konnten. Da ich zu dieser Zeit im Krankenhaus lag und eine meiner Chemotherapien durchmachte, kann ich dazu leider nicht sehr viel erzählen. An dieser Stelle folgen jedoch ein Erfahrungsbericht und ein paar persönliche Worte meiner Mutter, die die Typisierungsaktion vor Ort begleitete:

»Die Nachricht zog uns den Boden unter den Füßen weg.
Die Zeit stand still und wir konnten an nichts anderes mehr denken.

Der Gedanke »Warum unsere Meli?« kam kurz auf, aber geändert hätte es eh nichts ...

Von »Hilfe für Anja« und den geplanten Aktionen haben wir das erste Mal von Meli gehört. Wir hatten nun endlich auch die Möglichkeit, aktiv mitzuhelfen und andere Bekannte darauf aufmerksam zu machen.
Im April 2014 bei der Typisierung im Stadion haben wir dann Michael und seine Helfer kennengelernt. Wir haben aktiv bei dieser Aktion mitgewirkt. Alle Helfer haben uns sehr nett aufgenommen und in die Arbeiten eingewiesen. Verblüfft waren wir von dem riesigen Ansturm. Zeitweise standen bis zu drei Leute vor jedem Helfer und haben brav gewartet, bis sie drankamen. Wir sind sogar schon vor der Halbzeit wieder an unseren Platz, da das Ergebnis einen eh nicht auf dem Sitz hielt – lieber weiter helfen und etwas Nützliches tun.

Dieser Tag, das Miteinander von Michael und seinen Helfern und die Bereitschaft aller, zu spenden, haben uns riesig berührt und gefreut.

Mut hat uns auch gemacht, dabei Anja kennengelernt zu haben. Sie hatte das erste Mal die Gelegenheit, auch mitzuhelfen. Wir haben uns mit ihr und ihren Eltern sehr gut unterhalten und ein bisschen Hoffnung geschöpft. Endlich mal mit jemandem reden, der das Gleiche mitgemacht hat und uns seine Erfahrungen mitteilen konnte.

Die Transplantation haben wir mit Spannung erwartet. Wir wussten, dass es für Meli nicht einfach würde, aber wir hoffen, dass sie das nicht mehr durchmachen muss. Als Eltern danebenzustehen und nicht helfen zu können, das war für uns das Schlimmste.
Jetzt, ein Jahr nach der Transplantation, geht es Meli meistens gut und sie nimmt langsam, aber immer mehr am »normalen« Leben teil. Ein schönes Erlebnis war für sie, auch wieder mal zum Club zu gehen. ☺
Aber wir als Eltern müssen jetzt lernen, wieder loszulassen und nicht jedes Mal, wenn es ihr nicht so gut geht, in Angst zu verfallen.

Ich glaube aber, das hört nie auf ...«
(Beitrag von Angi – Melis Mama)

Mittlerweile, ziemlich genau 1 1/2 Jahre nach der Diagnose, kommt mir alles nur noch vor wie in einem schlechten Film. All die Chemotherapien, operativen Eingriffe und die Transplantation mit den Komplikationen sind Vergangenheit und ich kann mit

Stolz behaupten: »Ich habe es geschafft! – Ich habe die Leukämie besiegt!«

Nun ist es an der Zeit, die Gelegenheit zu nutzen und noch mal allen zu danken: meiner Familie, meinen Freunden, der Glubbfamilie und in diesem Rahmen natürlich in besonderem Maße »Hilfe für Anja e.V.«! Ihr habt mit eurem Verein etwas Wundervolles geschaffen und es ist schön zu wissen, dass so viele bereit sind zu helfen!

Wenn die Krankheit etwas Gutes hatte, dann, dass ich diese unglaubliche Solidarität und Unterstützung erfahren durfte, die mein Leben mit Sicherheit zum Positiven verändert haben. Wer weiß, was ohne diesen Rückhalt alles passiert wäre – doch so weit kam es nicht, denn IHR wart da.
Ich wünsche euch allen viele weitere Jahre, in denen ihr den Menschen so viel Hoffnung schenkt! Alles Gute, »Hilfe für Anja e.V.«!

Aufstehen und kämpfen, immer weiter.
Bis zum Umfallen und wieder von vorne!
Für sie – für mich – für meinen Traum
Für einen Neuanfang!

Choreographie von UN 94 beim Auswärtsspiel in Duisburg.

Am Ende bleibt mir nur noch, DANKE zu sagen!

*M*it diesem Buch werden keine kommerziellen Gewinne erzielt. Alle Beteiligten sind unentgeltlich an diesem Projekt beteiligt. Sollte irgendwann einmal ein Gewinn zustande kommen, wird dieser für die Gewinnung neuer Stammzellspender verwendet.

Ich möchte es nicht versäumen, ein paar Worte des Dankes zu sprechen:

An Lisa Roith, die uns einen Einblick in die lange und schwierige Zeit gab. Außerdem natürlich an Henrique Miranda für den Einblick in seine emotionale Geschichte. **Obrigado por suas emoções!**
Christiane Hörl und Allison Parker erzählen ihre Geschichte, die vielleicht ohne »Hilfe für Anja« niemals zustande gekommen wäre. Zum Schluss auch noch ein großes Dankeschön an Melanie und Angie Salamon, die uns auch an ihrer Geschichte teilhaben ließen.

Außerdem gilt es, Danke zu sagen an die Personen, die dieses Buch mit Bildern versorgt haben, u. a. Uwe Dietrich, Allison Parker, Christiane Hörl, Melanie Salamon, Reinhard Roith, Fritz Fürk, Jens Ballon, die Faszination Nordkurve, Henrique Miranda und an Foto Creativ aus Pressath. Auch ein großes Dankeschön an alle, die mitgelesen haben, allen voran Katrin Schmid, Tanja und Christine Sporrer, Christina Augustin, Simone Schönauer und Corinna Behrens.

Danke gilt es auch all denen zu sagen, die »Hilfe für Anja« in den letzten 15 Jahren unterstützt haben, sei es durch Geldspenden, durch tatkräftige Hilfe bei Typisierungsaktionen oder in sonst einer Form.

*Zum Schluss bleibt mir nur noch, Danke zu sagen an die Vor-
standschaft von »Hilfe für Anja e. V.«, an meinen guten Freund
Uwe Dietrich samt seiner Frau Elfriede und Tochter Ilona, auch
ein Riesendank an Lisa, Anja, Reinhard und Matthias Roith.
Danke auch an Wolfgang Nickl, Gerald Redel, Andreas Trips und
Daniela Schaffer, die uns immer auf die Aktionen mit begleitet;
Robert und Sabine Leisner, Sabine Beiküfner, Detlef Walkowski
sowie Peter und Ilse Grillenbeck, die gerade in der Anfangszeit
dazu beigetragen haben, dass »Hilfe für Anja« da steht, wo wir
jetzt sind, und natürlich nicht zu vergessen Karin Wagner, Elke
Förster, Andrea Gawellek und Towa-Christina von Bismark.*

*Auch ein großes Dankeschön an Andreas Münch, der jahrelang
als Einzelkämpfer die Fahne von »Hilfe für Anja« im Raum
Würzburg hoch hielt. Ein ganz besonderer Dank geht an Bernd
aus München, der damals vor 15 Jahren nicht einfach nur gesagt
hat: »Danke, überweise deine 800 DM und gut ist es!« Einen
ganz lieben Dank für die tolle Zusammenarbeit möchte ich an das
»Netzwerk Hoffnung« richten, an Prof. Dr. Böck mit seinem
Team und natürlich auch an die Knochenmarkspenderzentrale in
Düsseldorf, an Anette Herda und an Prof. Dr. Fischer.*

*Und zu guter Letzt noch ein Riesen-, Riesen-Dankeschön an
meine liebe Frau Christine und meine beiden Töchter Tanja und
Katrin, die in all den Jahren alle meine Ideen, waren sie noch so
verrückt, mitgetragen und unterstützt haben.*

*Wahrscheinlich habe ich jetzt wieder viele Leute vergessen, seht
es mir nach. Fühlt auch Ihr euch alle recht herzlich gedankt.*

Danke, danke, danke!

Michael Sporrer

Folgende Möglichkeiten haben Sie, »Hilfe für Anja« zu unterstützen:

Lassen Sie sich typisieren!!!
Fordern Sie ganz bequem Ihr Typisierungs-Set für zu Hause an:
hilfe-fuer-anja@t-online.de

Oder helfen Sie uns mit einer finanziellen Unterstützung:

»Hilfe für Anja e.V.« **Raiffeisenbank Weiden**	»Hilfe für Anja e.V.« **Sparkasse Eschenbach**	»Hilfe für Anja e.V.« **VR Bank Würzburg**
BLZ 753 600 11 Kto. 750 750 0	BLZ 753 519 60 Kto. 300 020 765	BLZ 790 900 00 Kto. 263 538 0
IBAN: DE41 7536 0011 0007 5075 00 BIC: GENODEF1WEO	IBAN: DE32 7535 1960 0300 0207 65 BIC: BYLADEM1ESB	IBAN: DE83 7909 0000 0002 6353 80 BIC: GENODEF1WU1

Bitte geben Sie auf Ihrer Überweisung auch Ihre Adresse an, dann senden wir Ihnen gerne eine Spendenquittung zu.

Vielen Dank für Ihre Unterstützung!

Typisierungsaktionen des Vereins »Hilfe für Anja e. V.«

1.	Nürnberg, Frankenstadion	07.05.2000	523 Spender
2.	Auerbach/Opf, Hauptschule	03.10.2000	1.314 Spender
3.	Kirchenthumbach, privat	12.11.2000	50 Spender
4.	Pegnitz, Hauptschule	04.02.2001	1.740 Spender
5.	Weiden, Betriebstypisierung Südwolle	20.02.2001	64 Spender
6.	Windischeschenbach	13.05.2001	705 Spender
7.	Oberviechtach	18.05.2001	300 Spender
8.	Nürnberg, Betriebstypisierung Maul und Belser	26.06.2001	43 Spender
9.	Röthenbach, Volksschule	15.07.2001	1.096 Spender
10.	Braunschweig, Café	08.09.2001	116 Spender
11.	Veitshöchheim, Hauptschule	16.09.2001	1.024 Spender
12.	Eschenbach/Opf, Gymnasium	03.10.2001	1.127 Spender
13.	Weiden/Opf, Gewerbeschau OBA	07.10.2001	456 Spender
14.	Weidenberg, Grundschule	11.11.2001	1.546 Spender
15.	Veitshöchheim	15.11.2001	41 Spender
16.	Forchheim, BRK-Haus	18.11.2001	292 Spender
17.	Nürnberg, Frankenstadion	13.04.2002	316 Spender
18.	Artelshofen, Festplatz	09.06.2002	286 Spender
19.	Kemnath, Realschule	03.10.2002	611 Spender
20.	Neuhaus/Peg SEDA GERMANY	09.10.2002	95 Spender
21.	Rimpar, Grundschule	09.10.2002	224 Spender
22.	Würzburg, Fachakademie	10.12.2002	76 Spender
23.	Stadtschwarzach, Gemeindehaus	27.01.2003	19 Spender
24.	Pegnitz, Hauptschule	30.03.2003	465 Spender
25.	Nürnberg, Transport Naab	06.04.2003	85 Spender
26.	Bayreuth, Universität	30.04.2003	195 Spender
27.	Königheim	20.07.2003	764 Spender
28.	Mühlbach	08.10.2003	326 Spender
29.	Bayreuth, Agentur Unisono	09.11.2003	98 Spender
30.	Maidbronn	16.11.2003	158 Spender
31.	Eschenbach/Opf Fa. Curamic	22.03.2004	49 Spender
32.	Main-Spessart-Krankenhäuser Karlstadt, Lohr und Marktheidenfeld	18.04.2004	625 Spender
33.	Trautskirchen	03.10.2004	411 Spender
34.	Theilheim	14.11.2004	196 Spender
35.	Kirchenthumbach, Rock for life, 5 Jahre Hilfe für Anja	03.06.2005	196 Spender
36.	Erbendorf, Hauptschule	19.06.2005	1.085 Spender
37.	Triesdorf, Berufsschule	26.06.2005	523 Spender
38.	Tirschenreuth, Gymnasium	08.10.2005	346 Spender
39.	Universität Würzburg, Betriebstypisierung	9.11.-4.12.2005	954 Spender
40.	Bayerischer Blutspendedienst		1.300 Spender
41.	Pottenstein, Rathaus	05.03.2006	220 Spender
42.	Grafenwöhr, Rathaus	15.07.2006	230 Spender
43.	Weiden, Max-Reger-Halle (Landesparteitag der Grünen)	14.10.2006	157 Spender

44.	Igersheim	22.10.2006	787 Spender
45.	Pleystein	04.03.2007	1807 Spender
46.	Wipfeld	20.05.2007	503 Spender
47.	Floß	27.05.2007	146 Spender
48.	Schweinfurt, Willi-Sachs-Stadion	14.07.2007	139 Spender
49.	Marktheidenfeld	23.09.2007	781 Spender
50.	Pullenreuth, Grundschule	02.12.2007	1.216 Spender
51.	Universität Würzburg	11.12.2008	735 Spender
52.	Hasloch	26.07.2009	734 Spender
53.	Universität Würzburg	09.12.2009	564 Spender
54.	Kemnath, Realschule	02.05.2010	843 Spender
55.	Kirchenthumbach, Hauptschule	09.05.2010	356 Spender
56.	Auerbach/Opf, Betriebstypisierung ZF	20.05.2010	125 Spender
57.	Bayreuth, Regierung von Oberfranken	15.07.2010	279 Spender
58.	Bayreuth	31.07.2010	40 Spender
59.	Universität Würzburg	12.12.2010	575 Spender
60.	Gewerbeschau PEGA	01.05.2011	160 Spender
61.	Veitshöchheim	17.07.2011	138 Spender
62.	Universität Würzburg	14.12.2011	313 Spender
63.	Königstein, FCN Fanclub	09.06.2012	140 Spender
64.	Dießfut	15.07.2012	740 Spender
65.	Nürnberg (FCN Fans + Motorrad-Club)	11.08.2012	318 Spender
66.	Neunaigen	14.10.2012	1051 Spender
67.	Eisingen	28.10.2012	312 Spender
68.	Universität Würzburg	11.12.2013	500 Spender
69.	Kirchenthumbach, BRK Heim	02.02.2014	65 Spender
70.	Ultras Gelsenkirchen	23.03.2014	194 Spender
71.	Max-Morlock-Stadion Nürnberg	07.04.2014	705 Spender
72.	Königheim	25.05.2014	323 Spender
73.	Bronn, Fanclub Turnier "Souphpark Nürnberg"	05.07.2014	23 Spender
74.	Nürnberg, "Bunt ist cool" ev. Landeskirche	05.07.2014	54 Spender
75.	Bayreuth, Bfs für Gesundheits-u. Kinderkrankenpflege	13.11.2014	52 Spender
76.	Universität Würzburg	17.12.2014	466 Spender
77.	Kemnath, Gesundheitstag BRK	18.01.2015	44 Spender
78.	Nürnberg, Ofenwerk, Aktion Tim	05.03.2015	560 Spender
79.	München – Allianz Arena	17.05.2015	729 Spender
80.	Nürnberg – Max-Morlock-Stadion	24.05.2015	323 Spender
81.	Kirchenthumbach –SCK Sportheim	25.05.2015	33 Spender
		gesamt	37.320 Spender

Bei dieser Aufzählung sind nur die Aktionen mit dem Verein »Hilfe für Anja e. V.« berücksichtigt.
Vor der Vereinsgründung haben die Eltern und Freunde von Anja circa 26.000 Personen für die weltweite Datenbank gewinnen können.

Sie wollen eine Typisierungsaktion organisieren? Bitte melden Sie sich!
Wir unterstützen Sie bei der Organisation und der Finanzierung!

Hilfe für Anja e. V.
Postfach 2
91281 Kirchenthumbach
Tel: 09647 – 83 13

E-Mail: hilfe-fuer-anja@t-online.de
Homepage: www.hilfe-fuer-anja.de
Ansprechpartner: Michael Sporrer

Unsere Partner:

Netzwerk Hoffnung, Würzburg
Institut für Klinische Transfusionsmedizin und Hämotherapie
Universitätsklinikum Würzburg Zentrum für Innere Medizin
Oberdürrbacher Str. 6
97080 Würzburg
Tel. 0931/201-31325

E-Mail: netzwerk-hoffnung@ukw.de
Homepage: netzwerk-hoffnung.ukw.de
Ansprechpartner: Prof. Dr. med. Markus Böck

$$* \quad * \quad * \quad *$$

Knochenmarkspenderzentrale, Düsseldorf
c/o Institut für Transplantationsdiagnostik und Zelltherapeutika
Moorenstraße 5, Gebäude 14.83
D-40225 Düsseldorf

Postfach 101007
D-40001 Düsseldorf
Tel: 0211-81-19 628
E-Mail: kmsz@uni-duesseldorf.de
Homepage: knochenmarkspenderzentrale.de
Ansprechpartner: Dr. med. Johannes Fischer und Anette Herda